暗獄怪談
我が名は死神

鷲羽大介

竹書房
怪談
文庫

目次

※本書は体験者および関係者に実際に取材した内容をもとに書き綴られた怪談集です。体験者の記憶と主観のもとに再現されたものであり、掲載するすべてを事実と認定するものではございません。あらかじめご了承ください。

※本書に登場する人物名は、様々な事情を考慮してすべて仮名にしてあります。また、作中に登場する体験者の記憶と体験当時の世相を鑑み、極力当時の様相を再現するよう心がけています。今日の見地においては若干耳慣れない言葉・表記が記載される場合がございますが、これらは差別・侮蔑を助長する意図に基づくものではございません。

廃墟への道案内

吾郎さんは、屈強な体格で髪を短く刈った、精悍《せいかん》な風貌に似合わぬ柔らかい物腰で、ハイボールをすすりつつゆっくりと話し始めた。

今から五年ほど前、夏の午後のことです。大学生だった僕は、友達ふたりと連れ立って、ネットで心霊スポットと紹介されていた一軒家の廃屋へ、肝試しに行きました。終点の駅で待ち合わせて、バスに乗り換えて、それも終点まで行ってね。そこから山の中へ入っていったんです。鬱蒼《うっそう》とした森で、道路の舗装はされているんですけど至る所に穴が空いていて、昼間でも薄暗くて、なかなかムードのある場所だったんですよ。これは期待できるな、と思いましたね。

スマホの地図アプリで確認しながら、目的地へ向かって歩いていたら、後ろから角張った形の黒い軽自動車が走ってきて、僕たち三人を追い越していったんです。それから二十分ぐらいかな、歩いているとまた同じ形の黒い軽自動車が追い越していったんですよ。

あれ、さっきもこの車が通ったような気がするな、と思ったんですが、同じ形の車なんていっぱいあるじゃないですか。だから連れの友人たちには何も言いませんでした。それからまた歩き続けて、まもなく目的地だというところで、また後ろから角張った黒い軽自動車が走ってきました。山道を歩いていた一時間ほどの間に、通った車はこの三台だけです。これは絶対におかしいと思って、その車のナンバープレートを必死で目に焼き付けましたよ。

そう語りながら、吾郎さんはハイボールを飲み干し、薄めでお願いします、と店員におかわりを注文した。スマートな飲み方をする人だと私は思った。

たどり着いた目的地は、更地になっていました。掲示板の書き込みは二年も前の古い情報で、くだんの廃屋はとっくに取り壊されていたんです。がっかりして、どっと疲れが出てきました。でもこのまま帰るのもシャクじゃないですか。島田と桜井は「もう帰ろうよ」と言っていたんですけど、ふたりを道路に残して、何か痕跡が残っていないか敷地内を見て回ることにしたんです。

ご友人たちの名前が、ここで初めて出てきた。スマートに飲んでいるようでも、ちょっと酔い始めているのだろう。彼らの名前も特徴も、何も私に言っていないことを忘れてしまっているようだが、話の本筋にはあまり関係ないことなのだろう。そう思って、私は彼らについて掘り下げる質問をしないでおいた。もし関係あるようなら、後で出てきてから訊けばいいだけのことである。

しばらくうろついていたんですけど、やっぱり何もないんですよ。引き際を見つけられないでいたら、道路のほうから島田が僕のことを呼ぶ声がしたんですね。警察に職務質問でもされたのかと思って、戻ってみたら角ばった黒い軽自動車が停まってて、桜井が運転手と何か話していたんです。運転席に座ってたのは、プロレスの武藤敬司によく似たスキンヘッドの大男で、助手席のチャイルドシートには、小学校低学年ぐらいの女の子が、口を真一文字にして、微動だにしないで、正面を向いてただ座っていました。

武藤似の男は、気さくな感じで「肝試しに来たの？　じゃあここはもう何もないけど、こっからしばらく歩いた先に、地元の人しか知らないもっとすごいスポットがあるよ。十年前に潰れたモーテルでさ、面白いからそっちにしなよ」と言うと、車を発進させて行ってしまいました。その車の後ろについていているナンバープレートを、必死で見たんですよ。

さっき覚えた、僕たちを追い越していった車と同じだったんです。

車が見えなくなってから、桜井に「あの車、さっき俺たちを追い越していったのと同じだよな？」と言ってみたんですけど、桜井も島田も「そうだっけ？」と取り合いませんでした。あいつらの鈍感さに、ちょっとムカつきましたね。

そこからしばらく歩くと、たしかに廃ホテルがありました。田舎によくあるタイプの、小さな戸建ての部屋がいくつもあるやつで、建物はまだしっかりしていたけど窓ガラスなんかはすっかり割れていて、背の高さぐらいまで草が生い茂っていました。建物の中は、落書きでめちゃくちゃに荒らされていたんですけど、それ以外にはとくに異変も何もなかったです。三人で内部を見て回りながら、十五分程度の動画も撮影したんですけど、そこにもおかしなものは何も映っていませんでした。

桜井も島田も、「ハズレだったな」「がっかりしたな」なんて、内心ほっとしたような顔で軽口を叩いていましたけど、僕だけは、いや今日は大当たりだよ、と冷や汗をかきながら帰りました。

あれから五年経っても、まだあのナンバーは覚えています。忘れられないんですよ。

そう言うと、吾郎さんは四けたの数字を暗唱してみせ、私は飲んでいたキウイソーダを吹き出しそうになった。

角張った黒い軽自動車についていたというその数字は、私の赤くて丸っこいコンパクトカーについているものと、まったく同じだったのである。

許してくれない

聡美さんが、大学のゼミで知り合ってできた彼氏は、いつも沈んだ顔をしていた。憂《うれ》いのあるその横顔に惹《ひ》かれて告白し、ＯＫしてくれたときは嬉しかったが、彼はいつ会っても、ちっとも嬉しそうでも楽しそうでもない。聡美さんは、あなたはどうしていつもそんなに不機嫌なの、本当は私のことが嫌いなの、と思い切って問いただしてみた。

ごめん、そういうことじゃないんだよ。

彼は素直にそう謝ると、自分の過去について語りだした。

田舎育ちの彼には、小学生のころ親しくしていた幼馴染《おさななじみ》の友達がいた。学校から帰ると、毎日のようにその友達と連れ立って山や川へ遊びに行っていた。お互いの親たちは、危ないところへ行っちゃだめだよと釘を差していたが、怖いもの知らずの彼らは、平気で木に登ったり川で魚とりをしたりして、ワイルドなアウトドア遊びを満喫していたのである。

そんなある日、いつものように川へ入り、石の上を跳んで渡っていると、その友達が足を滑らせ、川へ落ちた。そのとき頭を打ったらしく、ぐったりとした友達は流れの中に突っ伏し、そのまま動かない。頭から流れた血が、川の流れを染めるのを彼はなすすべなく見ていた。触るのが怖くて助け起こすことができず、そこから走って逃げ去ってしまったのである。

家にたどり着くと、彼は玄関にへたり込んでしまった。ただならぬ様子に、彼の母は何があったのか問いただすが、やっとのことで「川……」と返すと、あとは泣きじゃくるばかりである。彼をその場に残して、母は飛び出していった。

友達の遺体が見つかったのは、その一時間後だった。

幼い子供のことであり、表立って彼を責める大人はいなかったが、田舎の狭い社会ではすぐに噂が流れる。あの家の子は友達を見殺しにした、あいつが殺したみたいなものだ、と陰口を叩かれるようになり、いたたまれなくなった彼と家族は、その町から逃げるように引っ越したのである。

聡美さんは「そうなの、つらかったのね」と言うことしかできなかったが、彼の話はこれで終わりではなかった。

引っ越した先では、あの事故のことを知る人は誰もおらず、新たな人間関係を構築してやり直すつもりだった。

しかし、新しくできた友達と遊ぼうとすると、彼の耳にはある声が聞こえるようになったのである。

許さないぞ。

彼が何か楽しいことをしようとすると、あの友達が耳元でそうささやくのだ。

スポーツをしていても聞こえた。

友達の家に招かれたときにも聞こえた。

本を読んでいても、ゲームセンターで遊んでも、何気なくテレビを見ていてすら、あの友達が「許さないぞ」と耳元でささやくのである。

きっと気のせいだ。罪悪感のせいで、実際にはない音が聞こえるような気がしているだけに違いない。そう思った彼は、必死でその声を打ち消そうとした。仕方ないだろう、俺はまだ子供なんだ。倒れた人を助けるなんて無理だよ。お前が死んだのは俺のせいじゃない。そう自分に言い聞かせて、なんとか自分の中で消化しようとしたのである。

しかし、どんなに自分に言い聞かせても、あの声はやまなかった。

このことは、親にも先生にも言っていない。そんなことを言ったら心の病気だと思われて心配されるし、病院に閉じ込められてしまうかもしれない。俺が我慢すればそれで済むんだ。彼はそう思って、今まで十年以上過ごしてきた。その過程で、すっかりものを楽しむということができなくなってしまったのであった。

こう話した彼の目には、いっぱいに涙がたまっていた。

その姿がいたわしく、またいとおしいと思い、胸がいっぱいになった聡美さんは、彼のことを抱きしめてこう言った。

「つらいことをよく話してくれたね。もうあなたはひとりじゃないよ、これからは私も一緒にあなたの心を支えてあげる。ふたりでなら、きっと乗り越えられるよ」

聡美さんは、本心からそう思ったそうである。

さて、ここまで書いてきたのは、メールという形で聡美さんからいただいた話を再構成したものである。そのメールには、音声ファイルのダウンロードリンクが添付されていた。

聡美さんは、高校時代からバードウォッチングを趣味としている。

自然の中に分け入り、美しい鳥を見つけ、その姿や鳴き声を記録する。その楽しさは格別だそうである。その楽しさを、彼と共有したくなった。ふたりで楽しめば、きっと彼の心も晴れるだろう。聡美さんはそう思い、彼を山に誘った。

意外なことに、彼は山に入るなり笑顔になったそうだ。

「鳥の声ってきれいなんだね、こんなに楽しいのは子供の頃ぶりだよ。誘ってくれて本当にありがとう」

彼はそう言ってバードウォッチングを楽しみ、聡美さんが「あれはイカルだよ、あれはコマドリだよ、あれはホオジロだよ」と説明するのを、笑顔で聞いていた。

たくさん写真を撮り、ＩＣレコーダーに声も収録して、満足して彼の家に帰った。そこで、録音したデータをパソコンに移し、再生してみた。

彼は「いい声だね、きれいだね」と喜んでいるが、聡美さんは自分の耳を疑った。

収録したときは鳥の声しか聞こえなかったのに、それにかぶるように「うう、うう」と唸《うな》る、苦しそうな男の声がたしかに入っていたのである。

聡美さんは、「これなの？　これなのね？」と震える声で彼に問うたが、「なんのこと？　鳥の声しか聞こえないよ」と、けろりとした顔で言う。聡美さんは、わけがわからなくなった。耳元でささやく声が聞こえる、と言っていたのは彼なのに、この唸り声は聡美さんにしか聞こえないのだった。

それから、彼は見違えるほど明るくなり、聡美には感謝してもしきれないよ、と言ってとても優しくしてくれます。

でも私のほうは、静かにしているとあの唸り声が聞こえてきて、怖くてたまらないので、ひとりのときはいつもヘッドホンで音楽を聞いています。そうしないと、あの声が聞こえてくるのです。軽はずみなことを言ってしまったせいでしょうか。彼を苦しみから解放できたのはいいのですが、これでは私がおかしくなってしまいそうです。それとも、もう私はおかしくなっているのでしょうか。そのときの音声ファイルをお送りしましたので、鷲羽さんにご確認いただきたいのです。あの声は、私にしか聞こえないのでしょうか。それとも、彼だけが聞こえないのでしょうか。どうかよろしくお願いします。

メールに記されたリンクからダウンロードしたその音声は、三十分ほどのものだった。私は、意を決してそのファイルを再生した。

何度再生しても、そのファイルは最初から最後までまったくの無音で、唸り声も鳥の声も、何も聞こえはしなかった。こちらの再生環境に問題があるのかもしれない。パソコンの音声設定をいじってみたり、ヘッドホンをつなぎ直したり、いろいろ試したがどうしても何の音も出なかった。

その旨、聡美さんに連絡したが、それ以来彼女からの返信は途絶えたままである。

跡継ぎ

一真さんが子供の頃、お父さんの事業が成功していたので暮らしは裕福で、家では大型犬のロットワイラーを飼っていた。概して警戒心が強く、きちんとしつけをしなければ人や家畜に危害を及ぼすこともある犬種だが、一真さんの家で飼っていた牡《おす》のダン吉は、頑強な体躯に見合わぬ臆病な性格で、散歩中にチワワに吠えられると、自分よりひと回り小さな一真さんの後ろに隠れて、震えているのが常だった。

ダン吉の散歩は一真さんの役割だった。本来なら大型犬だから子供が連れていくには危ないが、ダン吉はおとなしく一真さんのいうことはよく聞いた。また、自分よりも大きな犬を引き連れて歩くのはとても気分がよく、鼻高々で意気揚々と歩くその姿に、近所の人たちも「可愛いねえ」「お利口さんだねえ」と目を細めていたそうだ。

一真さんが物心ついたときから家にいて、一緒に育ったダン吉は、小学校を卒業する頃には年を取って衰え、歩調を合わせるようにお父さんの事業がうまくいかなくなった。そして中学の入学式を迎えた次の日にダン吉は息を引き取り、お父さんの会社は不渡りを出して倒産した。両親は離婚し、一真さんはお母さんと暮らすことになる。裕福だったのが一変して、小さなアパートに母と子ふたりだけでの生活は、とてもつらいものだった。環境の変化で一真さんは体調を崩し、学校へ行けない日も少なくなかったそうだ。

「一年生の頃は、ダン吉を思い出して泣いてばかりでしたよ」

そう話す一真さんの声は、泣き笑いの微妙な心情でかすかにふるえていた。

二年生になる頃には、新しい暮らしにも少しずつ馴れてきて、元来の活発さを取り戻した彼は、成績も急上昇して、高校・大学と奨学金を得て進学した。そして三十歳になった現在は、広い家を建ててお母さんと暮らしている。仕事も安定して余裕が出てきたので、一真さんは念願だった犬を飼うことにした。

かつて可愛がっていた、ダン吉のような犬がどうしても欲しかったのである。

ネットでブリーダーやペットショップの口コミを調べ、動物を飼うことや生体販売についての様々な意見を目にするうち、結局どこで買えばいいのかわからなくなった一真さんは、ひとまず実物の犬を見てみようと、近くの大きなショッピングモールに入っているペットショップへ赴いた。

最近のペット販売店は小型犬ばやりで、ロットワイラーのような大型犬はブリーダーから直接お迎えするのが主流である。ショウルームの中でお昼寝していたり、やんちゃにじゃれ合っていたりする仔犬たちは、手のひらに乗りそうなほど小さかった。可愛いことには違いないが、これはハムスターだのモルモットだのに近いな、と一真さんは思った。もっとたくましくて、生命力にあふれていて、それでいて飼い主に甘えるような、そんな生き物が欲しかったのである。

ショップの雰囲気は思ったよりよかった。狭苦しい檻を想像していたショウルームは、天井が開放された造りで広々としている。一真さんはひと通り、チワワだのヨークシャーテリアだのがすやすや眠っているショウルームを見て回り、ついでに奥にあった猫のブースも見てみた。

キャットタワーの上段で眠るアメリカンショートヘアーの仔と、タワーの後ろでたたずむ大きな黒い犬の姿があった。

明らかにロットワイラーの成犬だった。

猫ブースなのになんで犬がいるんだろう、と訝《いぶか》しく思ったが、他の客はまるで気にも留めていない。その犬は、一真さんの姿を見ると、しっぽを振りながらブースを区切るアクリル板をすり抜けて、仔犬たちのブースへ彼を先導していった。そして黒くてやせた、毛の短い仔犬のところへ来るとそこですっと消えた。

姿が消えてはじめて、「ダン吉だ」と気づいた。

「ダン吉が、自分の後継者を指名しているんだと思ったんですよ。そう思って見ると、この子が本当に可愛らしく思えてきましてね。その場で即決しました。いい子ですよ、トイレもおすわりもお手もすぐ覚えたし、僕にも母にもとてもよく懐いています。名前はころ丸にしました。最初はダン吉にしようかとも思ったんですけど、それじゃあんまりかなと思って。あくまでこの子はこの子として、可愛がってあげようと思うんです」

公園のベンチに座った一真さんは、そう言って膝の上に抱いたミニチュアピンシャーを見せてくれた。

ほっそりとした、まだ生後半年ほどのころ丸は、私の膝の上にいるポメチワのラック号が気になるらしく、歯をむき出しにして唸っていた。私はラックが吠えだすのを抑えるのに必死だった。

養育

間もなく三十歳になる豊和さんは、その日、付き合って三年目の彼女にプロポーズするつもりで、待ち合わせ場所の海が見える公園に来ていた。気が急《せ》いて、予定の時間よりだいぶ早く着いてしまい、手持ち無沙汰のまま、ベンチに座って海を眺めていた。

気がつくと、五メートルほど離れた隣のベンチに、いつの間にか誰かが座っていた。いつからいたのか、本当にまったくわからない。その公園は見晴らしがよく、誰かが歩いてきたら目に入らないはずはないのだ。唐突に出現した、としか豊和さんには感じられなかった。

その人影は、また奇妙な取り合わせだった。

少なくとも九十歳は越えているであろう、頭のはげ上がったしわくちゃの老爺《ろうや》が、どう見ても産まれたての、ほやほやした新生児を抱いている。祖父と孫、にはとても見えない。曽祖父と曾孫、でも怪しいぐらいだ。

その老人は上下とも紫のジャージ姿で、赤ん坊は白いおくるみを着せられている。周囲には親族らしき人の姿はなく、ベビーカーやシニアカーの類も見当たらなかった。どこから歩いてきたのか、見当もつかない。そして、赤ん坊を連れているというのにおむつを入れるバッグなどの荷物がまったくなく、ただ傍らにフライドチキンチェーンのロゴが入った白い紙バケツを置いているだけだった。

風に乗って、海の匂いをかき消すようにスパイスの香りがした。

紙バケツにおむつなどを入れているわけではなく、本当にフライドチキンが入っているのだ、と豊和さんは気づいた。

激しい違和感をおぼえながら、豊和さんは隣のベンチにちらちらと視線を送る。

老人はこちらを気にする様子もなく、容器からフライドチキンを取り出した。

「ほら、あのチェーンのチキンって、部位がいろいろあるじゃないですか。ウイング（手羽）とかドラム（脚）とかキール（胸）とか。あの爺さんが取り出したのは、サイ（腰）だったんですよ。あれうまいんですよね。背骨のところにちょっと灰色の内臓っぽいやつがついてたりして、それがまた乙な味でね。いや、それは関係ないな、すみません」

豊和さんはフライドチキンが好きなようだ。私も同感である。

「あそこのオリジナルチキンは骨がついてますよね。とくにサイの部分は、背骨と大腿骨《だいたいこつ》が入っててね。それをあの爺さん、自分で喰うのかと思ったら、赤ちゃんにあげたんですよ。産まれたての、歯なんか生えてるわけない赤ん坊にですよ。おいおい、いくらボケてるとしてもそれはだめだろと思って、止めようとしたんです」

豊和さんは、思わずベンチから立ち上がろうとしたが、驚きのあまり浮きかけた腰が停まってしまった。

フライドチキンは、赤ん坊の小さな口に、消えるように吸い込まれていった。そして、五メートルほど離れている豊和さんの耳に、ごりごりと骨を噛み砕く音がはっきり聞こえた。

呆気にとられている豊和さんの眼の前で、その赤ん坊はチキンを立て続けに四ピースも、骨ごと平らげてしまった。

頭が真っ白になっていたところに「お待たせ」という声がして正気に戻される。待ち合わせの時間になり、彼女が来たのだ。

隣のベンチにいる老人と赤ん坊のことなど、彼女はまったく気に留めていないようだった。豊和さんも（それどころじゃないよな……）と思い直し、何事もなかったような顔で「ううん、いま来たところだよ。じゃあ行こうか」と歩き出した。

振り返ることもしなかった。

「それが、去年の春のことです。なんだか不吉な気がして、その日のプロポーズはやめておきました。え、彼女との関係ですか？　今でも続いていますよ。今年のうちには改めてプロポーズするつもりではいるんですが、また変なのが出たらどうしようと思うと、なかなか踏み切れないんですよね。あの公園にはもう行きたくないし、フライドチキンもなんだか気持ち悪くて食べられなくなりましたよ」

豊和さんは、なんともバツの悪そうな顔でそう語るのだった。

この話を聞いた翌日、私は例のチェーン店でフライドチキンを五ピース買い求め、肉汁のしたたるやつに思い切りかぶりついた。

歳の割に健康な歯をしているつもりだが、腰肉に入っている背骨を噛み砕くことはどうしてもできなかった。

えげつない技

怪談を蒐集《しゅうしゅう》しているんですが何か体験談ありませんか、と言うと「金縛りに遭った」という話をする人は多い。

ご本人にとっては怖い体験かもしれないが、こちらとしては楽器屋の試奏コーナーで聞く「スモーク・オン・ザ・ウォーター」ぐらい耳に馴染んだ話だ。金縛りというのは、要は入眠時の変容した意識状態であり、それ自体に怪談の要素があるわけではない。金縛りの話が怖いのは、その状態で見たり感じたりした何かの禍々《まがまが》しさによるものである。

大学職員の朋宏さんから聞いたお話は、その典型だった。

地方都市に出張した朋宏さんは、その日の業務を終えるとビジネスホテルにチェックインし、部屋でノートパソコンを開いて作業を続けていた。夜遅くになってやっと終わり、シャワーを浴びて部屋の電気を暗くし、ベッドに入る。こんなときは神経が昂《たかぶ》っていて、なかなか寝つけないものだ。朋宏さんもそれは重々承知しているので、とにかく身体と眼を休めればそれでいい、と焦らずじっと横たわっていた。

身体が動かない。金縛りである。しかし朋宏さんにとっては慣れたものだった。頭より先に身体が眠っただけだ。そう考えることにしている。これまでにも、頭を使う作業のあとは何度もこういう状態になったが、特におかしなものが出現することはなかった。今度もそうだろう、そのうち意識のほうも眠りにつく。そう思って、気楽に構えていた。

ほらいつものように指一本動かない、と右手の人差し指で確かめてみようとした。指が動いた。あれ、と思って他の指も動かしてみる。手を握ったり開いたりすることはできた。左手も同様だった。これはいつもと違う。仰向けになった朋宏さんの額に、冷たい汗が浮いてきた。

身体が眠っていて動かないのではない。手首と足首を掴まれて押さえつけられているのだ。そう気づいた朋宏さんは、自分を押さえつけている何かを振り払おうとしてもがいたが、じわりとも動かない。そのうち押さえつける力がどんどん強くなり、手足の骨が折れるのではないかというほどの痛みを感じるまでになった。

朋宏さんは、首を起こして足元のほうを見ようとした。わずかだが起こすことができ、暗い部屋の中でさらに暗い、黒い塊《かたまり》のようなものが得体の知れない圧を放っていた。はっきりは見えないが、普通の人間よりやや大きい、熊ぐらいの生き物がそこに息づいている気配を感じた。とにかくそれを振り払おうと、手足をばたつかせようとしているが動けない。

いきなり頭をつかまれ、後頭部を枕に圧《お》しつけられた。はっきりと、大きな手が頭をつかんでいるのがわかる。両手だ。左右から大きな両手が朋宏さんの頭を強くつかみ、枕に圧しつけている。これは幽霊や妖怪のたぐいではない、少なくとも三人の巨漢がこの部屋にいて、俺に襲いかかっているんだ。そう確信した朋宏さんは、「助けてくれえ、誰か助けてくれえ」と大声を出そうとしたが冷たく濡れたもので口をふさがれた。さっきシャワーを使ったときに身体をふいたタオルだ。

殺される。

そう思った朋宏さんの、頭をつかんでいる手がするりと側頭部をなでるように動き、太い指が

「耳の穴にずぶずぶ入ってきたんです」

朋宏さんは両耳を押さえながら、絞り出すような声でそう言った。

声を出すこともできないまま、その指は耳穴の奥深くまで入っていき、鼓膜や蝸牛《かぎゅう》をすり抜けて脳に直接触れた。少なくとも、朋宏さんがそう感じたのは事実である。

次の瞬間、朋宏さんはホテルの大浴場でお風呂につかっていた。口を押さえていたはずのタオルは、頭の上に乗っている。浴場に他の宿泊客はおらず貸し切り状態で、時計を見るともう朝の七時だ。仕事に行く時間が近づいている。脱衣所の籠には、自分が脱いだとおぼしきホテルの館内着がきちんと畳んで置かれていたが、昨夜は館内着に着替えるのも億劫で、肌着だけのままベッドに入ったはずなのだ。服を身に着けていると、やけに満腹なことに気づく。どうやらバイキングの朝食も知らないうちに平らげていたらしい。

部屋に戻って、ノートパソコンを開いてみると、たしかに昨日やった作業がきちんと保存されていた。とにかくスーツに着替え、仕事に出かけた。何度も耳に手をやってみたが、なんの異常もなかった。

「翌日も同じようなことがあったらホテルを移ろう、と思いましたが、次の夜は何もありませんでした。結局そのホテルには三泊したんですが、金縛りに遭ったのは初日だけでしたね。いやまあ、金縛り自体はちょくちょく経験するんですが、あんな攻撃を受けたのは後にも先にもあのときだけですよ」

そう語る朋宏さんの顔には、どこかうっとりしたような表情が浮かんでいる。

彼の話には、欠落した部分があった。

耳や鼻の穴に指を突っ込む、というのはプロレスラーが喧嘩のときに使う裏技で、やられたほうはたいへんなダメージを負う。それなのに、彼は指を突っ込まれたときの痛みについて、ひとことも言っていないのだ。手足を押さえつけられた痛みには言及しているのに、である。私は疑問に思い、耳は痛くなかったんですか、と訊いてみた。

「それがね、少しも痛みなんかないんです。それどころか、ものすごい快感だったんですよ。間違いなく、人生で一番の快楽でした。人間の身体に、あんな快感があるなんて知りませんでしたよ。もちろん怖い気持ちはあるんですが、心のどこかで、またあれを味わいたいと思っているのもまた事実なんです。人間って、そういうものなんじゃないですかね」

横断中

私が、指定された小型スーパーの駐車場に車を入れ、降りると美夏さんがベビーカーを押してやってきた。赤ちゃんは私の姿を認めると、目を丸くしてこちらに手を伸ばしてくる。小さな子供が私を見ると、こういう反応を示すことが多い。禿頭《とくとう》の巨漢などという生き物が、もの珍しいのであろう。美夏さんは、だめだよ、とその小さな手を遮《さえぎ》ろうとするが、私が右手の人差し指を立てて目の前に出すと、赤ちゃんはぎゅっと握って笑った。美夏さんも思わず笑顔を浮かべる。赤ちゃんが笑えば、お母さんもだいたい笑顔になるものである。

美夏さんが臨月に入ったばかりだった、半年前のことである。

その日の午後、美夏さんは自宅近くにあるこのスーパーで買い物をして、大きなお腹と大量の食料品を抱えて帰ろうとしていた。夫は「もう買い物は俺がやるからいいよ」と心配して言っていたが、まだもうしばらくは産まれないだろうし、なるべく運動不足にならないよう、身の回りのことは自分でやるようにしていたのだという。

「あそこです」と美夏さんが指さしたのは、駐車場を出てすぐの四つ辻にある横断歩道だった。ベビーカーを押しながらそこまで歩いていく。私もついていった。

比較的大きな通りと、一時停止標識のある細い道が交差している。臨月の美夏さんがここを通りがかり、横断歩道を渡ろうとしたときのことだった。

一時停止標識を無視して、黒い大型ワンボックスカーが突っ込んできた。美夏さんの手前数十センチのところで急停止する。フロントガラスにまで真っ黒いスモークフィルムが貼られていて、内部はうかがい知れない。乱暴な運転に加えて異様な見た目で、美夏さんは怯えた。さらわれるかも知れない、逃げよう、そう思ったが足がすくんで動けない。

その車の、助手席と後部座席の窓が静かに開いた。

それぞれの窓から顔を出したのは、髪を真っ直ぐに伸ばした、中学生ぐらいの女の子だった。ふたりとも、まったく同じ顔をしている。そして、ふたりともその両目は木の洞のように真っ黒なのだ。

四つの、真っ黒の目が美夏さんを凝視している。あとから思えばほんの数秒のことだが、美夏さんは長い間その場から動けないでいるように感じていた。

ふたりがまぶたを閉じ、車の黒い窓ガラスも閉じられた。横断歩道の途中で立ち止まったままの美夏さんをぐるりと迂回し、その黒いワンボックスカーは走り去っていった。車の姿が見えなくなると、ようやく美夏さんの足も動くようになった。早鐘のような心臓の鼓動を抑えるべく、深呼吸を繰り返しながら美夏さんは家に帰った。

リビングのソファに座り込んで、しばらく呼吸を整えてから買い物袋を開けてみると、車にぶつかったわけでも転んだわけでもないのに、十個入りワンパックで買っていた卵が、ひとつ残らず割れていた。

その夜に美夏さんは陣痛が始まった。

「それがこの子です」と、私の顔を見てきゃはきゃはと笑う海斗くんのほっぺを親指と人差し指でむにむにしてみせた。予定日より二十日以上早い出産だったが、無事に元気な男の子が産まれたのだった。

卵が割れていたのを見て、美夏さんは不吉な前兆なのではと心配になったそうだが、とくに問題は起きず、初産にしてはびっくりするほどの安産だったそうだ。神さまか何かのお使いだったんでしょうか、と美夏さんは不思議がっている。

「えっ」

美夏さんがふいに大きな声を出した。

「あれです、あの車です」

私たちが面している細いほうの道ではなく、大きな通りのほうを指さして美夏さんが言う。黒い、大型のワンボックスカーが走ってきていた。

「間違いありません、ナンバーもしっかり覚えてます。あの車です」

ワンボックスカーは、スーパーの駐車場に入ると、私の車の隣に停まった。私たちは外から様子をうかがうことにする。

後部座席のスライドドアが開くと、降りてきたのはニッカボッカの作業服で頭にはタオルを巻いた、若い男の三人組だった。

何の変哲もない、ごく普通の工事業者だった。よく見れば、窓にはスモークフィルムも貼られていない。私は大いに落胆しつつ、ベビーカーの中で眠りはじめた海斗くんに向けて微笑みかけた。何であれ無事に子供が産まれたのだから、それでいいのだ。

虚ろの十年

営業マン三年目の翔太さんが、アポの隙間時間にファミレスへ入り、ノートパソコンでメールチェックしながら、遅めの昼食を摂っていたときのことだ。

空《す》いている時間なので、四人がけテーブルをひとりで優雅に使っていたのだが、パソコンから目を上げると、誰もいないはずの向かいの席に、いつの間にか綺麗な女性が座っている。

中学校の同級生だった麻衣美だ、とすぐに気づいた。何年も思い出したことのない、木造の古ぼけた校舎の様子まで思い出す。垢抜けない子供だった麻衣美は、すっかり成長した大人の女性になっていた。「久しぶりだね翔太くん、元気？」とにこにこしながら語りかけてくる。「ああ元気だよ、なんとかサラリーマンやってるよ」と返した。麻衣美は黒っぽいパンツタイプのスーツを着て、中学のときは長かった髪をショートボブにしている。あんなに痩せっぽちで子供っぽかったのに、清潔感のあるいい女になったな、と翔太さんは好ましく思った。

「この辺で仕事してるの？」

「いや、会社は遠くだよ。今日は営業の外回り。麻衣美は？」

「私もそうだよ。新卒で入った会社がブラック過ぎてさあ、辞めて今の会社に来たんだけど、ここも人使い荒いの。給料も安いし」

「どこも甘くないなあ」

そんなことを話していると、翔太さんが頼んだスパゲティを持って、店員がやってきた。向かいに座っている麻衣美の後ろから、彼女の身体をすり抜けて店員の腕が出てきた。「お待たせしました」と皿がテーブルに置かれる。麻衣美はそちらを見もしない。

その瞬間、麻衣美は中学三年の秋に両親ともども交通事故で亡くなっているのを思い出した。なぜさっきまで思い出せなかったのかわからない。店員には麻衣美の姿は見えていないようだったし、麻衣美にも店員のことは見えていないらしい。翔太さんにしか見えていないし、翔太さんのことしか見えていないのだ。

麻衣美は相変わらず近況を話している。実は来年結婚する予定だ、とまで言いはじめた。相手は大学で知り合った一つ上の男だという。翔太さんは、存在しないはずの麻衣美の十年を思うと悲しくなった。ごめん、ちょっとトイレ行ってくる。そう言い残して席を離れ、手洗い場でハンカチを取り出して目をぬぐった。

気を取り直して席に戻ると、もう麻衣美はいなかった。席に誰かが座っていた形跡はなく、椅子も動かされていない。翔太さんは手早くスパゲティを胃に収めると、伝票を持って席を立った。

会計を済ませて店を出てから、自分の出身校は中高一貫の男子校で、校舎は近代的な鉄筋コンクリートだったのを思い出した。古ぼけた木造校舎に通ったことも、同級生の女の子が事故で死んだことも、そもそも同級生に女子がいたことも、まったく存在しない事実だったのである。


たとえば僕が中学のころ、同じ年頃の女の子が事故で亡くなったニュースを目にしていたとか、そういうことが絶対にないとは言えませんけどね。でも、それが僕のところに現れる理由がないですよね。いったいあれは何だったのか、いくら考えてもわかりません。あの子はたしかに美人だったけど、でも僕の好みじゃありませんでした。ああいうちゃんとしたビジネスパーソンっぽい子より、僕はもっと芸術家肌というか、個性的な人のほうが好きなんです。実は来年結婚するんですよ。大学のとき知り合った、ひとつ下の、美大を出てデザイナーをやってる人です。学生のころから金髪に染めていて、けっこう派手な人なんですよ。

バーのカウンターに腰掛けた翔太さんは、いかにも幸せの絶頂という風情でそう語り、ギムレットを口に運んだ。

若い人はいいねえ。私はそう思いながらグラス一杯の牛乳をひと息に飲み干した。

マスクメロン

近頃はサウナブームで、若い女性のサウナファンも少なくない。

奈央さんもご多分に漏れず、吸水性の良いタオル地のサウナハットなどを持ち歩き、あちこちの施設でととのいを満喫している。

その日は仕事が休みで、奈央さんは朝からいきつけのサウナにこもっていた。その施設では、サウナ室は小さめでテレビやＢＧＭはなく、薄暗い中に砂時計だけが置かれている。近頃のファンが好む、静かに瞑想できるタイプの店である。入泉したのは開店直後で、サウナ室に他の客はいない。貸切状態でじっくり温まり、水風呂に入って肌をひきしめ、休憩でクールダウンするというサイクルを繰り返していた。

四セット目のサウナ室に入って、サウナハットをかぶって目を閉じ、瞑想していた奈央さんはふいに裸の背中をひっぱたかれた。思わず「いたい！」と声が出たそうである。

文句を言おうとして振り向くと、誰もいなかった。タオルで顔を拭《ふ》き、気を取り直して周りをきょろきょろと眺めるが、やはりサウナ室の中には自分しかいなかった。

背中の血管でも破裂したのかもしれない、と怖くなった奈央さんは、サウナ室に設置してある非常ボタンを押して施設のスタッフを呼んだ。すぐに飛んできた、顔なじみの中年女性スタッフに、「背中が叩かれたみたいに痛くなったんです」と訴えて、異常がないか見てもらった。

腫れていたり傷がついていたりはしない。ここですか、と触ってもらってみたが、痛みも感じなかった。何ともなかったが原因もわからないし、とにかく今日は帰ろうと思って身体をタオルで拭き、脱衣所へ戻ろうとした。

鏡に映った自分の姿を見ると、足元から顔まで、マスクメロンのような模様が全身にびっしりと浮かんでいた。

これは「あまみ」と呼ばれるもので、血管の拡張と収縮を繰り返したことにより、皮膚の薄い部位が赤みを帯びた部分と白い部分に分かれ、まだら模様に見える現象である。体質により、出やすい人と出にくい人がいて、女性は比較的出やすい傾向があるようだが、全身にびっしり出るというのはとても珍しいことである。

奈央さんは、サウナにはまってからその日まで、一年以上もサウナに通っていたが、あまみが出にくい体質らしく、この日まで一度も出たことがなかった。

初めて出たあまみは、夜中まで消えなかったが、次の日の朝になるとすっかり治っていた。身体の異常も、何もなかったという。

奈央さんは、それ以降も他のサウナ施設にはよく行っているが、いくら熱いサウナに入っても、冷たい水風呂に入っても、あまみが出たことは一度もない。

あのサウナにもう一度行ってみようかどうしようか、迷っているそうだ。

安全装置

去年の冬のことである。

兼業農家を営む章男さんが、夜勤の仕事に行くため自宅駐車場から車を出そうとしたら、ドライブレコーダーが出し抜けに「衝撃を検知しました」とけたたましい音声を上げた。

何かにぶつかった感触も、障害物に乗り上げた感覚もいっさいない。

章男さんは車を停め、降りて周囲を確認した。

念の為、車の下もスマホのライトで照らしてチェックしてみたが、石ころひとつ見つからない。原因はわからないがセンサーが誤作動したのだろうと思い、車に戻って再度発車させようとした。

アクセルを軽く踏むと、今度は「ピピピピピ！」と耳に刺さりそうな警告音がして、がくんと車が停まった。速度メーターのディスプレイには「ブレーキ！」と表示されている。障害物を検知して自動ブレーキが作動したのだ。章男さんはまた車を降り、周囲を念入りに調べてみたが、やはり何もない。

うんざりしながらもう一度運転席に戻り、アクセルを踏むと今度は何事もなく発進した。そのまま職場までの間に何も異状はなく、その日の業務でもトラブルに見舞われることはなかった。

翌朝、勤務を終えた章男さんが自宅の駐車場まで帰ってくると、ちょうど運転席の位置にあたる地面の上に、何かふわふわした茶色いものが落ちている。

車から降りて確かめてみると、首のないウサギの死体だった。切断面から湯気が立っていて、たったいま首をもがれたばかりだということがわかる。

野良猫やイタチが小動物を捕食することはこの近辺でもしばしばあるが、昨日の今日ということもあり章男さんは不吉なものを感じた。

ドライブレコーダーのSDカードを取り出し、自宅のパソコンで再生してみる。

昨夜、車を発進させようとしたときの映像を見る。車の前に、大きくて真っ黒い毛の塊みたいなものが飛び出してきて、ボンネットに乗り上げて転がり落ちていく様子が映っていた。

昨夜はこんなものには出くわさなかったのを、章男さんはよく覚えている。いや、そもそもこんなことがあって気づかないはずはない。熊ぐらいの大きさのようだ。もっとよく見てみよう、と章男さんは映像を巻き戻して同じところを見ようとした。

すると、車が止まる様子は映っていたが、さっき見た黒い毛玉のようなものは出てこない。同じところを何度再生しても、あの毛の塊のようなものは二度と出てこなかった。

章男さんは、その足で近くにある大きな神社へ行き、車のおはらいをしてもらった。ドライブレコーダーのＳＤカードはハンマーでこなごなに砕き、燃えないゴミに出してしまったそうである。

「それ以来、異変は何も起きていないんですよ。やっぱりあの神社は霊験あらたかですねえ」

自慢げにそう話す章男さんは、神社に奉納した玉串料をこっそり教えてくれた。

私の月収より高額だった。

地獄の沙汰も

ファミレスのテーブルを挟んで向かい合い、コーヒーを飲みながら、親父には苦労させられましたよ、と順一さんはため息をついた。

お父さんは外面《そとづら》のいい人で、職場の部下や知人、あるいは酒場で居合わせた見知らぬ人たちの前では景気よく札びらを切り、豪放な男を気取っていたが、家族のために使うお金はとことんケチる人だったそうだ。

「俺の学費も出さないというんで、必死で勉強して国立大学に入ったんですが、バイト代から学費を払った残りは全部取り上げられましたからね。その金で飲みに行っては、知らない人の分も払ったりしていたんだから、本当にどうしようもない野郎でしたよ。母はいつもその尻拭《ぬぐ》いをさせられて、金が足りないと電話がきて持っていったことも一度や二度じゃないです。身を粉《こ》にして働くってのは、ああいうのを言うんでしょうね。朝から晩まで、いろんな仕事を掛け持ちしていたんですよ。それでもみんな親父が持っていってしまう。玄関のドアが壊れたときも、直す金が惜しいってんでガムテープで補修してましたからね。そのままじゃ見栄えが悪いってんで、テープに『セールスお断り』だの、犬もいないのに『猛犬注意』だのとマジックで書いて、ごまかそうとしていたんです。余計みっともないのに、それで満足するような親父でした」

そんなお父さんは、二年前に心臓発作で他界したのだが、亡くなる三年ほど前、お父さんは肝硬変が悪化し、順一さんからの生体肝移植をしている。金だけじゃ足らず肝臓までほしいのかと憤《いきどお》りを感じたというが、「それでも親は親ですから」と順一さんは語る。

順一さんの手術は先に終わったが、お父さんの手術は長時間にわたり、手術後も数日は集中治療室から出られなかった。ようやく一般の病室へ移ったとき、お父さんはこんな話をしたそうだ。

「集中治療室にいる間な、眠るたび夢の中に坊主が出てきたんだよ。きんきらきんの派手な装束を着て、背の高い冠みたいなのを被っててな。手に白いふわふわした馬の尻尾みたいなのを持って、いかにも偉そうなやつなんだよ。それが、ぶつぶつとお経を唱えているんだ。縁起でもねえ、どっか行ってくれと頼むんだが、坊主の野郎、てこでも動きやがらねえ。仕方ねえんで、夢ン中で俺ぁお布施を百万包んでな。お納めください、って渡したんだよ。したら坊主がどっか行ってな、ああよかったと思ったところで目が醒めて、先生が来て、集中治療室から出られたって寸法なんだよ。こりゃあおめえ、お布施を包まなかったらそのままあの世行きだったたってことだぜ。地獄の沙汰も銭次第って昔から言うけど、ありゃ本当なんだな」

退院したあと、お父さんはいつも寄り付かない菩提寺へ足を運び、夢の中で納めたのと同じ額の寄付をしたそうだ。

「それだけならいいんですけどね」

順一さんは苦笑しつつ話を続けた。

手術の三年後にお父さんは亡くなり、遺された負債の処理に順一さんとお母さんは奔走させられた。それもようやく片付き、ようやく親子ふたりの平穏な生活を手に入れた。

ある日、順一さんが仕事から帰ってきてくつろいでいると、家の外から何か金属的な音が聞こえてきた。

ちりーん

ちりーん

鈴の音だ。それも、托鉢僧《たくはつそう》が持っているやつだ、となぜかわかった。

人の家の前で迷惑な、と玄関から出て周囲を探してみたが、どこにも托鉢僧の姿はなかった。鈴の音もどこかへ行ってしまったようだ。お母さんは怯えていた。

そんなことが三日続いた夜、順一さんは夢を見た。

金襴《きんらん》の袈裟《けさ》と、同じ生地で頭の先が尖った帽子を被ったお父さんが、しかめっ面でぶつぶつと何か言っている。

「順一よう、お前が仕事に行ってる間にな、母さんがテレビショッピングで健康食品をいっぱい買ってるの、知らねえだろ。あんなもん効くわけねえんだよ。高いカネ出して馬鹿じゃねえのか。無駄遣いすんなって言っとけ。それによう、風呂に入るたびあんなにシャワー流して、もうババアなんだから誰も気にしねえだろう。水道代がもったいねえんだよ」

僧衣をまとったお父さんが、延々とお母さんの無駄遣いを責めているのだった。順一さんは心底うんざりしたが、何も言えずただお父さんの愚痴を聞かされるだけである。

朝起きると、全身にびっしょり汗をかいていた。パジャマを脱ぎ、下着を換えて朝食を摂ろうとすると、お母さんがうんざりした顔で話しかけてきた。

夢にお父さんが出てきて、やはり派手な僧衣をまとった姿で、順一さんが昼食にラーメン屋で餃子も追加すること、カレー屋で無料の福神漬だけでなくわざわざ数十円のらっきょうを追加することなど、順一さんの細かい金遣いについて延々と愚痴を言っていたというのである。

「ピザは宅配で頼まず店へ取りに行け、とまで言っていたそうです。お布施のおかげなのか知りませんが、自分はあんな豪華な装束を着けているくせに、家族にはそんなせこい文句を垂れるんですからね、いい気なもんです。俺もむかつきましたからね、次の休みの日に親父の墓参りをして、銀行の預金通帳の、最終ページまで使い終わってパンチ穴が空いたやつを供えてやったんですよ。もうあの世に行ったんだからこれで充分だろうって。そうしたらね、風も吹いてないのにろうそくが倒れて、通帳があっという間に灰になっちまいましたよ。そんなに燃えやすい材質でもないと思うんですけどね。まあ、とにかくこれで親父もカネの心配はなくなったでしょう。それ以来、鈴の音もしないし親父が夢に出てくることもなくなりました。せいせいしましたよ」

話し終わったタイミングで、紙の箱に入った焼き立てのピザが届いた。今日はこれを持ち帰って、お母さんと食べるそうである。

女装趣味

幸恵さんがお父さんの遺品を整理していたら、中学校の卒業文集が出てきた。

お父さんはどんなことを書いていたんだろう、と読んでみると、「入学式で、立ち上がったときにスカートが落ちてしまい、とても恥ずかしかった」と、男の子らしく乱暴な字で書いてあった。

幸恵さんが中学校の入学式で見舞われた、人生で一番恥ずかしい体験だった。

写真のお父さんは、いがぐり坊主で詰め襟の学生服を着ていた。

水槽

正臣さんが子供の頃から、もう三十年も通っている中華屋がある。とくに変わったところのない店だ。メニューはラーメンに餃子にレバニラ炒めといったごく普通のもので、掃除はゆきとどいているが床にしみついた油のべたつきは落としきれず、テーブルも古いのでぺとぺとする感じは否めない。そんな店が、どこの街にもひとつぐらいはあるものだ。

その店の片隅に、古い漫画を集めた棚が置いてあり、その上には水槽が載せられていた。こぽこぽと泡を吹き出す酸素供給器が付いており、水草の間をグッピーなどの小さな熱帯魚が泳いでいる。少なくとも、正臣さんが小学生から高校生までの間は、そうだった。といっても彼はアクアリウムに興味がなく、いつもその下の本棚から油のしみた漫画本を取り出すばかりで、水槽を注視することはなかったそうだ。

大学で実家を離れ、卒業して東京で数年働いたが、心身の調子を崩して実家に帰ることになった。帰郷して間もなく、十年ぶりにこの店に来た正臣さんは、まだあの水槽があることに気づいた。見覚えのある親父に、「久しぶりだね」と声をかけられる。「どうも」とだけ返すのも素っ気ないような気がして、正臣さんは「この水槽、まだあるんだね。何を飼ってるの？」と訊いてみた。

かつては澄んだ水の中で色とりどりの小魚が泳いでいたが、今は濃い緑に濁って、どんな生き物がいるのかはうかがえない。酸素供給器が動いているから、何かを飼っているのは間違いないようだ。別に興味があるわけではないが、話の接ぎ穂になると思って口に出しただけである。

店の親父は、「まあいいじゃん、それより久しぶりに来てくれたから、餃子を一皿サービスしておくね」と愛想よく笑った。

笑顔でごまかしているが、訊かれたくないんだな、と正臣さんは察した。

子供の頃からよく食べていた、ケチャップ味の天津丼と、サービスの餃子にコショウと酢をかけて平らげ、店をあとにした。

帰宅すると、玄関の前で大きな鯉《こい》が干からびて死んでいた。

近くに鯉がいるような池やお堀などはなく、鯉料理が盛んな土地でもないので、どこから現れたのか見当もつきません、と正臣さんは語る。

あの店のメニューにも、鯉料理はない。それからも正臣さんは何度か店に行ったが、相変わらず水槽の水は緑色に濁っていて、酸素供給機は何かのためにこぽこぽと酸素を吐き出している。

幻の名機

ひとり暮らしをしている菜々子さんが、息苦しさを感じて夜中に目を醒ますと、暗い部屋の隅に何かぎらぎらと激しく光るものがあった。

枕元に置いてある眼鏡をかけ、ベッドから下りて見てみると、そこにはパチスロ機が置かれていた。

設置した覚えはない。なんでこんなものがあるんだろう、と困惑した菜々子さんは、触ってみたが手応えがない。手がすっとすり抜けてしまう。

「あ、これってこの世のものじゃないんだな、と思ったんです。ためしにスマホで写真を撮ってみたんですけど、やっぱり何も写りませんでした。しょうがないので無視してまた寝たんです」

次の朝、菜々子さんが起きたときにはもうパチスロ機はなかった。

昨夜撮った写真をもう一度確認しようとして、スマホを見てみると彼氏からＬＩＮＥが届いていた。写真を撮った一時間ほどあとに「今日は最高に気持ちよかったね　菜々子にバレないように気をつけようね」と書いてある。薄々気づいてはいたが、彼氏は菜々子さんの友人と浮気をしていて、あまつさえその相手へのＬＩＮＥを間違えて菜々子さんに送信するという間抜けなことをしでかしていたのである。

「もちろん速行で別れました。そういえば、彼とよく行ってたラブホの部屋にもパチスロ機が置いてあるんですよね。もしかして、あれが出たのかな。あの馬鹿、きっと浮気相手も同じラブホに連れてったんですよ。そういう機械にも魂が宿ることってあるんですかね？」

中古のパチスロ機なんて、さぞかし多くの怨念を吸収しているであろう、と私は思った。その機械には、ピエロの絵が描いてあったそうだ。それなら尚更である。

お手本

小さい頃、お習字の教室に通っておりました。先生は上品なやさしいおばあちゃんで、生徒は同年代の子供が十人ぐらいだったように思います、と充代さんは述懐する。

小学校に入るか入らないかぐらいの子供たちなので、お題はいつもひらがなだった。幼い充代さんは早熟な子で、すでに漢字もたくさん読み書きできたから、物足りないと感じることもあった。

その中にひとり、ひときわ小柄で幼い女の子がいた。歳は変わらないはずだが、みんなより頭一つは確実に小さく、ようやくおむつが取れたぐらいの感じで、言葉の受け答えも満足にできていなかったそうだ。

その子は、教室ではひと言もしゃべらず、お手本の字を写すこともできないで、紙に「し」に近い線をひいては「うー、うー」と低い声でうなるばかりだった。充代さんは、先生に「あの子はまじめにやってないです」とご注進に及んだりしたが、先生は「いいのよ、あの子は特別なの」と取り合わない。きっと障害のある子なんだろう、ならばやさしくしてあげなくちゃ、と思ったがその子の集中した様子には鬼気迫るものがあり、近寄りがたかったので遠巻きに見るだけにしていた。

ある冬の日、お題は「さくら」だった。三文字をバランスよく書くのは幼い子供にはまだ難しく、生徒たちは悪戦苦闘していた。充代さんは難なく書き上げ、先生にほめられた。得意になってほかの子たちを見回すと、あの子はいつものようにうなっていたが、筆を持ったまま紙を見つめて、いっこうに書き始めようとしない。

と思いきやいきなり、すごい勢いで筆を走らせ出した。お手本とはまったく違う、複雑な漢字を突然書きはじめたのである。

あっけに取られる充代さんの目の前で、あの子は画数の多い漢字を書き上げた。当時の充代さんには読めなかったが、さんずいに何かごにょごにょしたものがくっついていたように思います、と記憶をたどって話してくれた。

書き上げた紙を前に、その子は火がついたように泣き出した。赤ちゃんみたいな鳴き声で、手で顔を覆ったりもせず、ひたすら涙を流して大きな声を上げる。先生が駆け寄ってきて、肩を抱いて背中をさすり、なだめようとしていたが、一向に泣き止む様子がないので、そのままふたりで教室を出ていった。

それを最後にその子は習字教室へ来なくなり、一ヶ月ほどして先生が亡くなって、教室は閉鎖された。先生は、真冬だというのに肌着一枚で、近くの川に沈んでいたのである。

いま思うと、あのときあの子が書いた文字は「溺」だったような気がする、と充代さんは語る。

習字教室に通っていた友達の誰に訊いても、そんな子がいたことを覚えている人はおらず、その字は充代さんの記憶以外、この世のどこにも残っていない。

姉を焼く

善逸さん（御本人の希望によりこの仮名とした）が持っている、昔ふたりで描いたという同人誌を見せてもらった。

かなり古いものである。ちゃんと製本した同人誌ではなく、原稿をコピーしてホチキスで綴じたものだ。紙の質がよくないのか、うっすら黄ばんでところどころにシミができている。奥付けを見ると、二十数年前に作られたものだった。作者の名前は善逸さんと、伊之助さん（善逸さんの希望でこの仮名とした）のふたりになっている。

当時流行《はや》っていたロボットアニメのキャラクターを題材とした二次創作で、私が若い頃は面妖本などと呼ばれていた類のものである。つまり成人漫画だ。

善逸さんが描いたパートは、原作では仲が悪かったふたりのヒロインが、仲良く愛し合うというものだった。絵は正直なところ、うまいとは言えない。だが荒削りな作画とネームには異様な迫力があった。プロによる洗練された商業作品ではある程度削ぎ落とされる作者のリビドーが、直接ぶつけられているとでも言えばいいだろうか。アマチュアの同人誌が持つ魅力なのであろう。

いっぽう、伊之助さんのパートは奇妙な読み心地がした。

原作の主人公と、彼の保護者になる歳上のお姉さんがそういうことになるわけだが、お姉さんキャラが、どうも原作に似ていないのだ。

絵が下手だ、というのではない。むしろ善逸さんよりずっと上手だ。顔のつくりはたしかに原作のキャラを模しているし、セリフ回しもそのアニメからうまく引用されているのだが、どこか違和感があるというか、他人がそのキャラに扮《ふん》しているような印象をおぼえるのである。

寒々しい人間関係が繰り広げられる原作に対し、伊之助さんが描いたこの漫画では、お姉さんはどこまでも優しい。少年の欲望を受け入れるのみならず、彼に関わる全ての問題を無化し、心地よい夢の世界でいつまでも遊んでいようと呼びかけるのだ。

そういう成人漫画は少なくない。むしろそういう夢の世界を提供するのが役割だと言えなくもないのだが、伊之助さんの作品はその夢への傾倒が過剰すぎるように感じられた。

だいたいの二次創作というのは、その原作キャラへの愛情を表現するものだ。善逸さんの作品もそうだったが、伊之助さんの作品は、キャラクターの形だけを借りて、作者の願望を吐露《とろ》しているような、どこか不快なものすら感じさせる作りになっていた。

「あいつの漫画はいつもそうでした。少しは読者の目を意識しろ、といくら言っても改まらなかったんです。絵はうまいんですが、どうにも独りよがりな感性で、お姉さんが甘やかしてくれる世界しか描けないんですよ」

善逸さんと伊之助さんは、中学生のころからともに漫画を描いてきた友人だ。最初は四コマ漫画の模写から始めて、コマ割りをしたギャグ漫画が描けるようになったのは同じ高校に進学したころだった。嬉しくなってすぐにコピー誌を作り、地元のイベントに出るようになった。反応はそれほど芳《かんば》しくなかったようだが、ふたり励まし合って漫画を描くのはとても楽しかったそうだ。

伊之助さんの作風に、ある傾向が出始めたのは高校三年の秋だった。

「あいつの家が火事で全焼したんですよ。三つ上の、大学生のお姉さんがいたんですけど、そのお姉さんがこっそりタバコを吸っていたようなんですね。その不始末で、隣の部屋にいた伊之助が気づいたときには、もう炎が天井まで届いていて、手のつけようがなかったそうです。あいつとご両親は避難しましたが、火元の部屋にいたお姉さんは亡くなりました。僕も何度か会ったことがありますが、綺麗な人でしたよ。さっぱりした感じで、目がぱっちりしていて、弟とは似ても似つかないお姉さんでした。

引っ越しとか大変だろうから、しばらくは遠慮してあまり声を掛けないでいたんですけど、三ヶ月ぐらいして、あいつの方から言ってきたんですよ、また漫画やりたいって。元気になってくれたらいいなと思って、まずはネームを切ってお互いに見せ合ったんですけどね」

ネームというのは紙にコマ割りとセリフ、それにおおまかな絵を描いた、漫画の設計図のようなものである。善逸さんはいつものように、既存の漫画キャラがドタバタを演じるギャグものを描いてきたのだが。

「あいつが持ってきたのは、同じ原作をパロディしたものではあるんですけど、物凄く濃厚なエロ漫画だったんです。ネームだって言ってたのにがっちり下書きまで描いてあってね。それまで女の裸なんて全然描けなかったのに、いきなりですよ。それも、姉が弟を誘惑してコトに及ぶ話を、局部まで無修正でばっちり描いてくるもんだから、こんなの描いても外に出せないだろって言ったんですよ。せめて、原作のキャラにもう少し似せるようにしろって」

伊之助さんが描いたその漫画は、弟を誘惑する姉の顔が、原作とは似ても似つかない、亡くなったお姉さんにそっくりだったのである。

「ずっとしましたよ。こいつ、こんな欲望を隠していたんだなって。お姉さんが生きているうちはおくびにも出さなかったのに。でも、そろそろエロ描いてもいいかなとも思っていましたから、僕も自分の性癖をさらけ出してやろうと思ったんです」

ふたりは同じデザイン専門学校に入ってからも、漫画を描き続けていた。善逸さんは美少女どうしの百合もの、伊之助さんは姉弟ものと嗜好はくっきり分かれていたが、お互いに批評し合うことで画力は向上していった。

「でも、あいつの姉弟ものへの傾倒は異様でした。ときには、原作では姉なんかいないキャラクターまで、実は姉がいたということにして描いてきたりもしましたよ。それがまた、亡くなったお姉さんに似ているんですよね。僕もちょっとうんざりしてきたし、お互いが就職して漫画にかける時間も少なくなってからは、連絡を取る頻度も減りました」

善逸さんは少し離れた街へ転居し、伊之助さんは地元にとどまった。仕事が忙しくなってからはほとんど漫画を描くこともなくなり、伊之助さんとの切磋琢磨《せっさたくま》もいつしか遠い青春の思い出になろうとしていたのだが。

「一昨年《おととし》、突然メールで連絡が来たんです。会いたいから来てくれって。僕も懐かしいし、次の休みに地元へ帰ったんです。積もる話もあるな、と思っていたんですけどね」

伊之助さんのご両親はすでに亡くなっており、ひとり暮らしをしているという一軒家に招かれた。木造の古い平屋で、あまり手入れをされていないらしく外装も内装もかなり荒れている。伊之助さん自身も、若いころからは想像もできないほどやつれていて、荒《すさ》んだ生活がしのばれた。

「こんなところまで来てもらってすまんな。実は、見てほしいものがあるんだよ」

そう言うと伊之助さんは、百枚ほどある画用紙の束を持ってきて、善逸さんに見せた。昔描いていた漫画の画風とはまったく違う、色鉛筆を用いて細密に写実的に描いた、裸の女性の絵だった。どれも、伊之助さんのお姉さんの面影を濃厚に残しつつ、露骨に男を誘うポーズをしていて、表情はいかにも甘くとろけている、扇情的なものだった。

「俺はずっと、あの若くて美しかった姉さんの姿をこうやって描き続けてきたんだ。なのに、俺がひとりでこの家にいると、姉さんが俺の目の前に現れるようになったんだ。最初は三十歳のときだった。居間の電気を消して、寝室に行こうとしたらいきなり現れたんだよ。姉さんが、全裸で立っているんだ。真っ暗なのに、身体が光を出しているみたいにはっきり見えるんだよ。目と、ぽっかり空いた口の中だけは真っ黒だったけどな。それがな、姉が歳を取っていたんだよ。死んだときは二十一歳だったのに、生きていれば三十いくつになっていた。そのとき現れた姉さんも、そのくらいに見えたんだよ。ちょっと草臥《くたび》れた感じがあって、髪の毛もぼさぼさに荒れていて、胸の形もちょっと下向きになって。十秒ぐらい見ていたら消えたよ。

いつまでもこんなものを描いて、私を縛り付けるな。そう言いたいんだろうなって思ったよ。でも、俺にはこれしかねえんだ。誰に何を言われたって、俺の理想の女を変えることなんかできやしねえんだよ。だから俺は描き続けた。そうしたら、姉さんはそれからも年に一度は俺の前に現れるようになったんだよ。その姿はだんだん老けていくんだ。俺たちと同じように、な。今年になってからはもう月一でな、すっかりおっぱいが垂れて、腹の出たおばさんの姿を見せつけてくるんだよ。もう死んだくせに、生きた人間みたいに歳を取っていくんだ。

そんな姿ばかり見せられたら、俺の理想を描くのに邪魔だろう。

だから、俺は〝現在〟の姉さんの姿を描いてやったんだよ」

伊之助さんはそう一気に話すと、もう一枚の画用紙を見せた。

露悪的なほどリアルに描かれた、中年女性の裸体がそこに描かれている。ポーズらしいポーズは取らずぼんやりと突っ立っていて、全体的に肉付きがゆるく弛《たる》んでおり、顔にはくっきりとほうれい線が浮いている。そして、目と口の中は真っ黒に塗りつぶされているのだ。

「今からこれを燃やす。姉さんはこの世で迷い続けているようだから、もう一度きっちり焼いてやるんだよ。そうすれば、俺はもっといい絵が描けるはずなんだ。でもなんだか、俺ひとりでやっても駄目なような気がしてな。それでお前に来てもらったんだよ。俺が姉さんを焼くところを、お前に見てほしいんだ。頼むよ」

伊之助さんは、こけた頬に無精ひげをはやし、落ちくぼんだ目をぎらぎらさせながら、有無を言わせぬ迫力で善逸さんに畳み掛けた。気圧《けお》された善逸さんは、声が出ずに頷くことしかできなかった。

庭とも呼べない、隣家との隙間にあるわずかな土の上に、伊之助さんはろうそくを立ててライターで火をつけた。そして、絵を両手で広げて持ち、その裏側をろうそくの火で炙《あぶ》りはじめた。

焦げ臭い匂いがしたかと思うと、ちょうど黒く塗られた目と口のあたりから火がついた。伊之助さんは、絵から手を放して地面に落とす。

土の上で、中年女性の絵は煙を上げながら勢いよく燃えていく。

そのときのことを、善逸さんはこう振り返った。

「絵が燃えるときに、妙な音が聞こえたんですよ。きーんと耳に刺さるような、でもかすかな音です。耳鳴りかなと思ったんですけど、違うんですよ。たしかに、燃える絵から音が出ているんです。紙が燃えるときにそんな音なんか出ないのに。

これはきっと悲鳴なんだ。

僕はそう思って、つい両手を合掌させていました。別に信仰心はないんですけど、自然にそうなったんです。許してください、許してくださいって心の中で何度も繰り返しました。僕はただ見ているだけなんですけど、そう言わないと耐えられない気持ち悪さだったんです。伊之助は、火を見ているうちに目がとろんとしてきて、すっかり燃え尽きて真っ黒な燃え殻だけが残るころには、立ったままよだれを垂らして、失神しているようでした。僕が肩を掴んで揺さぶると、ようやく正気を取り戻して、ありがとう、って笑顔で言ってましたよ。その日は、泊まっていけという伊之助を振り切って、一目散に家へ帰りました。自宅に着いたら、とにかくありったけの酒を飲んで酔い潰れたんですよ。そうしないと、とても寝られそうになかったですからね」

それが一昨年のことで、いまはどうなっているんですか、と私は訊いてみた。

「あれから伊之助には連絡を取っていません。メールを送っても返ってきちゃうし、電話もつながらないんです。家まで行く気にはなれないし。まだ幻想のお姉さんを題材にして絵を描いているのか、それとも〝姉さん〟に負けて描けなくなったのか、確かめることもできないでいるんです。

実は僕のほうも、あのとき見せられた絵が頭にこびりついちゃってね。ええ、焼いたほうの絵です。あのリアルな感じに、どうしようもなくエロスを感じてしまったんですよ。あの感じを出したくて、いまもタブレットを使って絵を描いているんですよ。こんな感じです」

そう言って、善逸さんはタブレットに画像を表示させてくれた。

全裸の女性が、ソファに腰掛けて妖艶《ようえん》な笑みをたたえている。

淡く彩色されているが、目と口の中は真っ赤に塗り潰されていた。

何もないですよ

またあの話ですか。だから何もないですって。

確かにね、誰も住まない空き家になった実家に泊まったとき、誰もいないのに玄関のチャイムが鳴ったり、男子トイレの水が勝手に流れたり、隣の神社でざくざく歩く足音がしたりして、何だよドキドキハウスかよと思ったことはありますよ。

でもそんなの、なんでもないですよ。玄関のインターホンはセンサーの感度が良すぎるだけだし、トイレの水が流れたのもたぶん風のせいかなんかだし、足音がしたのは無断駐車の人か賽銭《さいせん》泥棒だし、廊下で見た、死んだ妻と見間違えそうになった人影みたいなやつが夢に出てきて首を絞めてきたのも、単なる偶然ですって。

常連ばかりの店

和彦さんは、旅先で知らない居酒屋に入るのを楽しみにしている。地元の酔客と意気投合するのもよし、賑わっている店でささやかな孤独とともに聞き慣れない銘柄の酒を味わうもよし、話し好きの店主にあれこれと詮索されながら、適当な作り話をして束の間の変身を楽しむもよし、時には常連ばかりの店で冷ややかな応対をされつつ、堂々と居座ってわざと高い料理ばかり注文するのも味わいがある、という。あまり共感はできないがまったくわからないわけでもない。

そんな和彦さんが、一度だけ尻尾を巻いて帰ったことがある。

近畿地方のある街で、やはり見知らぬ居酒屋へ入ったときのことだ。和風というか民芸調の、いかにも昔からある個人経営の居酒屋だった。どんな酒と肴が出るだろう、どんな客がいるんだろう、とわくわくしながら引き戸を開け、縄のれんをくぐって店内に足を踏み入れる。

いらっしゃい、と訛りのない抑揚で店主が言うのが聞こえた。

ざわついていた会話がやみ、カウンターとテーブルを七割ほど埋めていた酔客が、いっせいにこちらを見る。

中にいたのは、紺の法被《はっぴ》を着て頭に豆絞りの手ぬぐいを巻いた店主と、背広を着たサラリーマン風の中年男性たちだった。

「それがね、全員そっくりおんなじ顔をしてたんですよ。うらなり瓢箪《ひょうたん》ってのはああいうのを言うんでしょうね。なまっ白くて、糸目の細面でね。それが十何人も、いっせいに俺のことをじろっと見たんですよ。ひえっ、て声が出ましたよ。黙って戸を閉めて、一目散に逃げましたね。その日はそのままホテルに帰って、自動販売機でビールを三本買って飲んで、寝ちまいましたよ」

そう語る和彦さんの顔は浅黒く日焼けしていて、がっしりと四角くて彫りが深く、目や口が大きい、いかにも豪快で男らしい、店にいた人たちとは正反対のタイプだった。

異食症

生後一ヶ月の赤ちゃんのおむつを替えると、コーンが未消化のまま大量に出てきた。

呪い

源治郎さんが出張のため駅のホームで新幹線を待っていると、後ろに並んでいた、赤銅色の肌を派手に露出する格好のギャルが電話でしゃべっていた。

「えっ、あんたのところにも出たの。あいつでしょ、御子柴源治郎でしょ。知ってる知ってる。あんなやつぶっ殺しちゃおうよ。構わないって、うちら無敵だから」

明らかに自分の名前だった。源治郎さんが振り向くと、ギャルはちょっぴりバツの悪そうな顔をして「ごめん、また後でね」と電話を切った。

御子柴源次郎というのは仮名だが、このぐらい、同姓同名がそうたやすく見つからないような名前である。

なお、源治郎さんが出張先へ着いてすぐ、実家から電話が来て、元気だったお父さんが突然死したと知らされた。

自転車泥棒

動画配信サイトを眺めていたら、自分の住む街のライブ配信があった。

たわむれにアクセスしてみたら、自分を含めてふたりしか視聴者がいない弱小チャンネルで、家の近くの路上が映っていた。

人通りが全然なく、見ていても特に変化がないので視聴をやめようかと思ったそのとき、誰も乗っていない自転車が画面を横切っていった。

どう見ても、自分の自転車だった。

慌てて部屋を出て、駐輪場を見ると自転車がなくなっていた。

すぐ警察に盗難届を出したが、動画のことは面倒なので言わないでおいた。

応募先エラー

工場で働いている秀雄さんは、パレットに積載した荷物をフォークリフトで運搬したり、空《から》になったパレットを片付けたりするのが主な業務である。

ある日、秀雄さんが空きパレットを片付けていると、見慣れない木製パレットがあった。この工場では樹脂製のパレットが使われており、木製パレットを見かけることはない。珍しいな、と思いながら木製パレットにフォークリフトの爪を刺し、運ぼうとすると、いきなり視界に異様な人物の姿が出現した。

パレットの上で、古風の装束に烏帽子《えぼし》をかぶった、源頼朝の肖像画のような色白の青年があぐらをかいて座り、冷ややかな目でこちらを睨んでいる。

驚いた秀雄さんが、フォークリフトを停止させて降車し、駆け寄るともうその姿はなかった。

その日の夕方、最古参の社員にこの話をしたところ、

「そのパレット、御神木でも切って作ったんじゃねえか」

そう言われたそうだ。

この話は、わたくし鷲羽より黒木あるじ先生のところへ持っていったほうがよかったのではないか、と私は思った。

赤い顔の河童

美津江さんが子供の頃、父の故郷でお祖父《じい》ちゃんに聞かされた話である。

いいか美津江、川に近づいたらいかんぞ。じいちゃんが子供の頃はな、川に近づくと河童《かっぱ》が出てくるって言われたもんだ。河童はな「相撲とろ、相撲とろ」とせがんでくるんだぞ。うっかり相撲をとったりすると、そのまま川に引きずり込まれて、尻子玉を抜かれた土左衛門になって見つかるんだ。

河童ってのはな、赤い顔をしてて、顔の真ん中には長い鼻が突っ立ってるんだぞ。白い装束を着てな、手には六角棒と羽根のうちわを持ってるんだ。じいちゃんも小さい頃に川で友達と遊んでたらな、見たことがある。川の中からざぶんと飛び上がって、お寺の鐘をつくみたいな声で「相撲とろ」と言うんだよ。じいちゃんびっくりしてな、友達と一緒に泣きながら家に帰って、その話をしたら村中が大騒ぎになったもんだ。それ以来、村の者は誰も川には近づかなくなったもんだぞ。美津江も気イ付けなきゃいかんぞ、いいな。

河童と天狗《てんぐ》って、地域によっては同じものなんでしょうか、と美津江さんは首をひねっている。

河童の情報を間違えて覚えていた狐に化かされた、という解釈もできるな、と私は思った。お祖父さんが亡くなったのはもう四十年以上前のことで、集落はすでにダムの底深くに沈んでいる。

食い逃げ

ひとり暮らしのアパートで、インスタントラーメンを鍋で煮ていた。

出来上がるのに合わせてネギを刻んでいると、キッチンの窓の外を、上下逆さまになった金髪女性の顔が、上の階から下へ落ちていった。

窓から顔を出して見てみると、何も落ちていない。

気を取り直してコンロの鍋を見ると、麺がなくなってスープだけがぐつぐつと煮えたぎっていた。

仕方ないので刻んだネギをスープに入れ、卵でとじて食べた。

製造者責任

私の本を読んだという方から「あんたの本を読んでいると、空気清浄機が勝手に『強』になるのでなんとかしてほしい」とメールが来た。

苦し紛《まぎ》れに、手に清めの塩をすり込んでから読んでみてはいかがですか、と返答したら、三日後に「直ったよ」と返事が来た。

言ってみるものだな、と思った。

人を呪わば

聖也さんが大学を卒業して入った会社はいわゆるブラック企業で、入社前に聞いていたより給料が低く、休暇も少なく、先輩社員はみんな深夜まで残業しても手当が出ていなかったので、こんなところで働いても未来はないと見切りをつけた。

上司に退職願を提出したところ、「辞めるのは勝手だけど、かかった経費は弁償してもらうよ」と冷たく言われた。

翌日からハローワーク通いを始めた聖也さんの自宅に、会社から請求書が届いた。

こんな請求に法的根拠はないと知っているので、払う気は最初からないが、聖也さんは請求書の名目を見て目を疑った。

「祈祷代　金百弐拾万円也」とある。たしかに、会社ではオカルトじみた精神論が幅を利かせていて、入社式では金ピカの衣装を身に着けた神主のような人がなにやら儀式めいたことをやっていた。

あまりの非常識さに腹が立った聖也さんは、ネットで調べた呪術のやり方を参考にして、会社の名前を書いた紙を藁人形に貼り付け、真夜中に近所の神社へこっそり持っていき、適当な木を選んで五寸釘で打ち込んでやった。

別に本気で呪いをかけようと思ったわけではないけど、これで少しは気が晴れると思ったんです、と聖也さんは話す。

請求は無視していた。督促が来るようなら債務不存在の内容証明でも送ろうと思っていたが、一週間後に会社は火事を出して全焼し、潰れてしまった。

「人を呪わば穴ふたつと言いますが、このまま放っておいていいんでしょうか。自分にも何か不幸が訪れたりするんですかね」

新しく入った会社で働き始めた聖也さんは、本気で心配してそう言っているので、とりあえずその神社にお礼参りをしておいてはどうか、と私は言った。

何事も、感謝の気持ちは大切であろう。

夜の寝技

稔さん夫婦は仲が良く、結婚から十年を経た今も毎晩のように営んでいる。

ただ、一戦を終えて寝ようとすると時折、妻の身体の上に黒い影が覆いかぶさり、馬乗りになって手で首を絞めようとしているのを、金縛り状態で見ることがある。

一度その話をしたことがあるが「心当たりはあるけど、本気で殺しに来る相手じゃないから大丈夫」と笑顔で言われ、それ以来触れないようにしている。

依り代

瑞希さんによると、フリマアプリでは隠語を用いて髪の毛や歯の出品があるという。出品者本人の毛髪の場合もあれば、「元彼の髪をこっそり切ったもの」「いたずらした娘を丸刈りにしたときのもの」などいわくつきの場合もあり、そちらのほうが値段が高い。

歯も同様で、出品者自身が歯科で抜いた親知らずや、子供の頃に抜けた乳歯を保存していたものもあり、「息子の乳歯です」という場合もあれば、ときには「元彼と喧嘩してオルゴールで殴ってしまったときのものです」と前歯三本が出るときもある。こちらも、出どころが不穏なほど値が高くなるという。

瑞希さんがこんなことを知っているのは、バイト先のファミレスで同僚だった清香さんと飲んだとき、酔った彼女から教わったからである。

そんなものをどうするのか、と訊くと清香さんは「ともだちを作るんだよ」と言った。

「ベースは粘土なんだけどね、そういうのを入れると形がよくなるの。それも、勝手に切った髪とか、強引に抜かれた歯のほうがね、よーく馴染んで、香りや味も本物らしくなるんだよ」

瑞希さんは、これ以上は聞かないほうがいいと思い、自分から強引に話題を変えて、その話はもうしないままおひらきになった。

清香さんはその一週間後に、バイトを辞めた。

電話を受けた店長によると、「来週からのシフトには、ともだちが代わりに入りますから」と言って切れたそうだ。

瑞希さんはその話を聞くと、制服をロッカーに突っ込んで「やめます」と書き置きをして、店と店長の電話を着信拒否に設定し、バイト先どころか住んでいたアパートからも夜逃げして、実家に帰った。

それから二年経ってもそのときの給料はまだもらっていない。店がどうなったのかも知らないし、知りたくもない。瑞希さんはそう語っている。

なお、その隠語を教えてもらい、私もフリマサイトで検索してみたが、二年の間に「ともだち」界隈も人がすっかり入れ替わったらしく、何もヒットしなかった。

お守り

美代子さんは、七十歳近くになってから自宅で民泊を始めた。五年前に亡くなった夫とふたりで暮らしていた、夫の実家だった家を改装したものである。夫に兄弟はなく、そちら方の親類縁者はもう誰もいないので、美代子さんの思うがままだ。

インバウンド需要もあって、お客の九割は外国人だという。田舎の古民家に泊まりたい、という外国人の需要は私が想像するよりはるかに大きいようだ。

近頃は外国の人もしっかり日本のマナーを調べてから来るので、お風呂の使い方なども丁寧で、美代子さんのことをママさん、ママさんと言って慕《した》ってくれる。毎日がとても楽しいです、と美代子さんは笑顔で話している。

お客が帰るときには、これがジャパニーズ・トラディショナル・アミュレットよ、と言ってお守りを渡している。美代子さん手作りの、フェルトで作った色とりどりの小物だ。みんな喜んでお土産にもらってくれるという。

持って帰ったら、地元の土に埋めてね。そうすれば、永遠にあなたと家族を守ってくれるからね。美代子さんはそう言って渡している。

お守りの中に入っているのは、五年前に亡くなった夫の、遺骨の欠片だそうだ。


「あの人には苦労させられましたからね。ろくに働きもしないで、酒を飲んでは私に八つ当たりをして。パチンコに負けて帰ってきては、私やものに当たり散らしていました。家にいるときは一日中寝っ転がってテレビを見て、相撲や野球で外国人が活躍するたびに口汚く悪口を言っていました。でもそんなのはまだいいほうで、よその女性にちょっかいを出しては、私にその尻拭いをさせたことだって一度や二度じゃないんです。いちばん酷いときなんかは、人の奥さんに手を出しておいて、その落とし前だかなんだかで、お前が向こうの旦那さんの相手をしろ、なんて言ってきたんですよ。あのときは本当に死にたくなりました。

そんなあの人がね、病気になってからはすっかりしおらしくなって、病院のベッドで私の手を握って、今まで苦労をかけて済まなかった、お前のおかげで生きてこれた、なんて涙を流したりするんですよ。

心底思いました。なんて勝手な男なんだろう、って。

気持ち悪い……本当に気持ち悪いひとですよ。

私にさんざん苦労をかけておいて、こんなことで自分だけ楽になろうなんて、虫がよすぎるじゃありませんか。

死ぬ前には、俺の骨は家の裏にある先祖代々の墓に入れてほしい、って言ってたんですよ。それが、あの人のいちばんの望みだったんです。先祖がどれだけ偉い人だったか知りませんけど、それしか誇るものがない人生だったんですね。

だから私ね、あのひとが大事にしていた家に、あのひとが大嫌いだった外国人をいっぱい招いてやろうと思ったんですよ。それで家をゲストハウスにしたんです。そして、あのひとのいちばんの望みを断つために、お墓を潰して、骨を外国にばらまいてやることにしたんですよ。

これはよっぽど効いたんでしょうね。お墓を潰してからしばらく、あのひとが毎晩、私の夢枕に立ちましたから。嫌な顔してましたねえ、うふふふ。でも骨をばらまき始めてから、だんだん姿がぼんやりと薄くなってきましてね。骨も残り少なくなったので、先月あたりはもう顔もよくわからない、うっすらした影になっちゃいました。もうじき完全に消滅するんだと思うと、私もう嬉しくて仕方ないんですよ。うふふふふ」

お客さんが、旦那さんの姿を見たりすることはないんですか。そう訊くと、美代子さんはさも当然だという顔で「そんなの私が許しません。私のお客さんに迷惑なんか、絶対にかけさせませんから」と力強く断言した。

夫側の親類縁者はもういないが、美代子さんには成人して家庭を持った息子がひとりいる。

なぜか、夫にも美代子さんにも全然似ていないそうだ。

転ばぬ先の杖

夜中にビールが飲みたくなり、コンビニへ行くことにした。

マンションの七階にある自宅から、エレベーターに乗って下へ降りる。五階でエレベーターが止まり、眼鏡をかけて杖をついた、上品な老婦人が乗ってきて、自分の後ろに立った。見覚えのない顔だった。

次の階でまたエレベーターが止まった。

眼鏡をかけて杖をついた、上品な老婦人がまた乗ってきた。さっきと同じ人である。

驚いて後ろを振り向くと、さっき乗ったはずの老婦人はおらず、いたはずの場所に今度の老婦人が立った。

エレベーターの表示を見ると、また五階だった。

そのまま一階まで行き、エレベーターから降りた。老婦人も、杖をついてゆっくりと歩いていった。

デジャヴの強いやつだろうと思い、気にしないことにする。すぐ近くのコンビニでビールを買い、手に持ったまま帰ってきた。

エレベーターのボタンを押すと、五階から降りてくる。

扉が開くと、眼鏡をかけて杖をついた、上品な老婦人が降りてきた。

おかえりなさい、とすれ違いざまにささやくと、杖を放り投げてものすごい速さで走り去っていった。

どこへ行くのか、見る気にもなれなかった。

ビールを飲んで寝た翌朝、仕事に行くため家を出ようとすると、エレベーターホールには杖がそのまま打ち捨てられていた。何年も放置されていたかのように、樹脂の部分はすっかり風化して、金属部分も腐蝕している。無視して通り過ぎ、仕事を終えて帰宅するともうなくなっていた。

向かいの乗客

役所に用事があった遥香さんが、ベビーカーに乗せた生後半年の長女とともに、午後の電車に乗っていると、向かいの座席に座っている中年女性が、じっとこちらを見ているのに気づいた。

悪意を持って睨んでいるわけでも、好意的に微笑《ほほえ》ましく眺めているわけでも、値踏みするように見ているわけでもない。どんな感情も読み取れない、能面みたいな顔でしたと遥香さんは語る。

見開かれた目は、まばたきもせずにこちらを見つめている。遥香さんは、目を合わせないように気をつけながら、ベビーカーの長女に話しかけるふりをしていた。

列車は途中の駅に到着し、向かい側のドアが開いた。

向かいの席の中年女性とまったく同じ顔をした女が、やはりまったく同じ顔をした、大きなぬいぐるみを抱えて乗ってきて、中年女性に一瞥《いちべつ》もくれずにその前を通り過ぎ、隣の車両へ移っていった。女が通り過ぎたあとには、中年女性の姿も消えていた。

遥香さんは娘の顔を覆って、得体の知れないものから守るよう心がけた。

役所へ着いたが、たしかにバッグへ入れたはずの印鑑が見当たらず、用事を済ませることはできなかった。

仕方なく自宅に帰ると、印鑑はダイニングテーブルの上に、ケースから出して立てた状態で置いてあった。遥香さんが取ろうとすると、ころんと音を立てて倒れた。

予告

アパートを何軒か所有するオーナーの克也さんが、最近新しくサービスを開始したSNSを見ていたら、建物の屋上から若い男が飛び降り自殺をする動画が話題になっていた。朝焼けの風景が映っている中、痩せて背の高い男が手すりを乗り越え、固定カメラに向かって手を振ったかと思うと、無言のまま後ろに倒れ込むように落ちていく。一秒ほどして、大型の銃を発砲したような、地面に激突したであろう音がする。動画はそこで終わりで、もとの動画をアップロードしたアカウントはすでに削除されており、転載した動画があちこちに貼られている。「こんな動画を貼るなんて不謹慎だ」と叩きながら拡散しているのだから、下世話なものである。

克也さんは、その動画を見てぞっとした。映っているのが、建物の雰囲気や周囲の風景から見て、明らかに自分が所有している新築の三階建てアパートだったからだ。うちの物件でこんなことをするなんて、と思ったが、飛び降り自殺が発生したという知らせは聞いていない。管理会社に問い合わせたが、何も起きていないという。

それでも、どうしても気になるので、自分で物件を見にいってみたが、異変は何も起きていなかった。

きっと、似ている物件があって、見間違いだろう。そう思って無理矢理自分を納得させることにした。

翌日、管理会社から「飛び降り自殺が発生しました」と連絡があった。

あの物件の屋上から、動画の男とはまったく別の、女子高校生のふたり組が飛び降りて、ふたりとも頭を強く打って即死していた。今度は撮られていなかったのか、ＳＮＳに動画がアップされることはなかった。

三階程度の高さで、地面はコンクリートではなく土の庭だというのに、ふたりがふたりとも即死するのは珍しい、とオーナーの克也さんは警察に言われたそうだ。

なお、居室ではない屋上からの飛び降りは、事故物件には該当しないとのことで、克也さんはたいへん安堵している。

気になるのはそこだけだそうだ。

渡りに船

俊幸さんは、アマゾンで買い物をするときに、目についた気になった品物を片っ端から「ほしいものリスト」に入れておいて、あとから再検討して本当にほしいと思ったものだけを買う、というやり方をしていた。

このリストは、他の人にリンクを教えることで、誰かに買ってもらうこともできる。クリスマスや誕生日のプレゼント、災害ボランティアや生活困難者への支援活動などに使われる、便利な制度だ。私も、腰の手術で入院したとき、友人たちにお見舞いをもらうのに使ったことがある。みなさん、その節はありがとうございました。

さて、俊幸さんの場合は私と違い、自分のリストを誰かに見せることはせず、自分で検討するためだけに使っていた。本当に必要なものだけ買い、不必要だと思ったものは削除するようにしている。

そんな俊幸さんのもとに、アマゾンから荷物が届いた。

注文した覚えはないが、たしかに自分宛てになっているし、代金引換ではなかったので送りつけ詐欺というわけでもなさそうだ。何だろう、と思って開けてみると、中に入っていたのは黒い背広だった。

半年ほど前、職場へ着ていく服をあれこれと物色していたとき、なんとなく気になってリストに入れたのを思い出した。削除するのを忘れていたのである。

ほしいものリストを公開した覚えはないので、俊幸さんは気味が悪くなった。

品物に付いてきた送り状には「ギフトをお楽しみください」というデフォルトで入力されているメッセージだけが書かれていて、送り主の名前には俊幸さんの名字が入力されていた。

この服をどうしたものか、返品するための手続きを調べたほうがいいだろうか。俊幸さんが戸惑っていると、電話がかかってきた。画面を見ると、実家の父からだった。

父の兄、つまり伯父が倒れて亡くなったのだという。俊幸さんは、その日に届いた黒い背広を、伯父の葬儀で喪服として着用したのだった。

「あの背広は、いい歳をしてちゃんとした喪服も持っていなかった僕に、伯父さんが買ってくれたもののように思えるんです」

そう語る俊幸さんは、今はほしいものリストに何も入力しないようにしているそうだ。

愛の人相

春輝さんの大学時代、健太郎さんという同級生がいた。よくウマが合い、一緒に学食でランチをしたり、飲みに行ったりしていた。

春輝さんはあまり女性に縁がないほうだったが、健太郎さんはとてもよくモテて、年に何人も、違う女性と歩いているのを目にする。モテるのはいいが、あまり長続きしないことが多いようだった。

一度、どうすればそんなにモテるのかと訊いたことがあった。

「そりゃあね、好かれたいならまず自分から好きになることだよ」

健太郎さんは、少しの迷いもなくそう答えた。

そう言われると、思い当たる節がある。健太郎さんは、新しい女性と親しくなるたび、その人に顔が似てくるのである。

普段の健太郎さんは、さっぱりとした細面で彫りの浅い、いわゆる「薄い」顔立ちをしている。それが、丸顔の女性と付き合っているとだんだん丸っこい印象になるし、やけに眉が太くなったなと思ったら、太眉の女性と歩いているのを見かけた。

不思議なことに、これらの印象の変化は直接その顔を見たときにしか感じられず、写真を撮っておいてあとから見ると、普段の「薄い」顔の印象しか受けないのであった。

あるときは、健太郎さんの顔がやけに豪快な感じになり、今にもがははと笑い出しそうな印象を与えていた。しかし、学食で春輝さんと会ったときは、まったく違う、しとやかでほっそりした女性を連れていたのだった。このときばかりは春輝さんも、自分の勘もあてにならないものだなと、いささかがっかりしたものだそうだ。

しかし、それから間もなく、健太郎さんはいつもの学食で、衆人環視の中で彼女に引っ叩かれてふられた。

サークルの先輩で、いつもがははと豪快に笑う女性と、浮気しているのがばれたのである。

大学を卒業してからは、健太郎さんと会う機会もなくなり、彼の特異な変貌についてもほとんど忘れていた。

それが去年、繁華街の雑踏で六年ぶりに出会ったのである。懐かしさにかられて、近くのバーにふたりで入り、近況の話をして、また飲みに行こうぜと言って別れた。

しかし春輝さんは、健太郎さんからお誘いが来たらどうやって断ろうか、ということばかり考えているという。

久しぶりに会った健太郎さんの顔が、どうしても首吊り自殺をした死体のそれに見えて仕方なかったから、だそうだ。

謎の凶器

健一さんが中学生の頃、夜にベッドの中で分厚い推理小説の文庫本を読んでいた。同じクラスの友達からすすめられ、貸してもらったものである。

とても面白い作品だったが、夜も更けて少し眠くなってきたので、しおりを挟んで、本を枕元に置いて眠った。

夜が明ける少し前に、ぷちゅんという小さな音が聞こえて目が醒めた。

ゆうべはどこまで読んだっけ、と本を手に取る。

寝る前にはなかった、千枚通しで突いたような穴が、表紙から裏まで全ページを貫通していた。

学校へ行って、友達に「ごめん、借りた本に傷がついちゃった」と謝ったら、怪訝《けげん》な顔をして「本なんか貸したっけ?」と言われた。

十年経った今でも、その本は健一さんが持っているというので、見せてもらった。たしかに、本の真ん中あたりに小さな穴が空いている。どんな鋭い針でも、分厚い本をこうして貫通させるにはかなりの力が必要なはずだ。

ページをめくってみると、うまい具合に行と行の間を貫通しており、読むのに大きな支障はなかった。

なお、その本は私もたいへん好きなロングセラーで、違う版元から出た古い文庫本を持っている。帰宅したら読み返してみよう、と思った。

床ドン

コロナ禍でリモートワークが流行っていたころ、康弘さんも職場がロックダウンされてリモートワークをしていた。自宅はアパートの二階である。

慣れないリモート作業で、なかなか思うように仕事が進まない。康弘さんはいらいらして、椅子に座ったまま貧乏ゆすりをしていた。気づかぬうちに貧乏ゆすりの動きがだんだん大きくなり、座っている椅子はがたがたと音を立て始めた。

どん、と床の下から衝撃を感じた。一階の住人が、うるさいぞとモップか何かで天井を突いたのだろう。びっくりした康弘さんは、あわてて動きを止める。

もう一度、下から衝撃がきた。

今度は床ではなく、椅子まで通り抜けてダイレクトに康弘さんの尻を、細い棒で突いてくる痛みがあった。

あまりの衝撃に椅子から転げ落ち、康弘さんはしばし床でのたうち回った。ズボンの上から尻に手をやると、下着の中にぬるっとした感触がある。

脱いでみると、それまで痛みも痒みもなかった肛門が、切れ痔になって鮮血をあふれさせていた。

あとで聞いたところでは、下からどんと突かれた時間に、一階の住人は出かけていて留守だったそうだ。

虫除け

可南子さんが米びつからカップでお米をすくっていると、突然、指に痛みを感じた。手を引っ込めると、大きなノコギリクワガタが指を挟んでいた。

呪いごっこ

聖子さんの娘が通う小学校では、呪いごっこが流行しているという。

やり方は至って簡単なもので、呪いをかける対象となる相手の○○を土に埋め、そこに鉛筆を突き立ててお墓に見立て、ケンショウさんケンショウさん、どうかこらしめてください、と唱えるだけである。私はやってないけど、と娘は言い張っているが、あやしいものだと聖子さんは思っている。

ケンショウさん、というのが何を指すのか、どんな字を書くのかは、娘さんは知らない。クラスの誰も知らないまま、その呪文だけが流行っているのだ。

子供らしく単純な遊びだとは思っているが、まだ八歳の娘が、この一年間で身長が一センチも伸びていないのが気になるので、近いうちに病院で検査をするそうだ。

※子供が真似をするといけないので、土に埋める品物は非公表としました。ごく簡単に入手できるものです。

足を踏まれて

帰宅する満員電車の中で、誰かに足を踏まれた。痛かったが、揉め事は嫌なので声をあげたりせず、そのまま最寄り駅まで乗っていた。家に着いても、踏まれた足が痛い。靴下を脱いでみると、足の甲にどう見ても人間の歯形がついていた。

カラー診断

バーのカウンターに座り、桃香さんは好きな色についての話を始めた。

彼女いわく、好きな色が極端に変わることがときどきある。普段は色彩豊かなコーディネートを好むが、いったんそのモードに入ると、外出するときのコーデどころか、自宅にいるときの部屋着や下着、バスタオルやスリッパに至るまで、同じ系統の色で統一しないと、我慢できないほど苛々するのだという。

不思議なもので、白っぽい色が好きになると、決まって親族や知人の訃報が届く。柔らかなクリーム色が好きになったときは、実家のお母さんが急死した。反対に、黒っぽい系統が好みになったときは、友人の結婚や出産といった吉報が届くそうだ。

そう話している桃香さんは、目にしみるほど鮮やかなグリーンのワンピースを着ている。先週から、緑モードが始まったのだそうだ。

これは白っぽい方なのか黒っぽい方なのか、判断がつかなくて困っているんです。そう話し、桃香さんはグラスホッパーに口をつけた。

子供たちを責めないで

五年前に定年退職して、悠々自適の生活を送っている雅人さんの、自宅の近所に保育園ができた。騒音を心配する住民が反対署名をしていたのだが、それを押し切っての建設である。

雅人さんもその署名にはサインしていた。若い頃から子供が大嫌いで、自分の息子たちを育てるのも妻にまかせっきりだった。息子はとうに独立し、妻も息子と同居するため家を出ていき、いまは気ままなひとり暮らしを満喫している。

やっと訪れた平穏な生活を、いまさら子供の声なんぞで乱されてはかなわん。そう思ったし、自分たちの意見が押しつぶされたことには強い憤りを感じているそうだ。

初夏のある日、雅人さんは趣味のジャズレコードをかけながら、ゆっくりと自家焙煎のコーヒーを飲んでいた。コルトレーンのサウンドに包まれながらコピ・ルアクの香気を味わっていると、自分の人生は間違っていなかった、と感じる。至高の時間である。

家の外で、ふいに子供たちの騒ぐ声がした。窓を閉めていても聞こえてくるほど大きな騒音である。至高の時間を邪魔され、雅人さんは我慢の限界に達した。コーヒーカップの中身をひと息で飲み干し、クレームを言ってやろうとサンダルを履いて玄関を出た。うるさいんだよ、子供らに少しは年寄りを敬《うやま》うことも教えんか。そう怒鳴《どな》りつけてやるつもりで、保育園の園庭に面した歩道に立ち、フェンスに囲まれた中を覗き込んだ。

園庭では、きゃあきゃあと耳障りな声をあげながら、スモックを着た十頭ほどの日本猿が手を繋いで輪になり、ぐるぐる回っていた。

呆気に取られていると、猿たちが一斉にこちらに向けて歯をむき出し、威嚇《いかく》してきた。雅人さんは反射的にその場から逃げ、自宅に帰って厳重に戸締りをした。警察に電話しようかと思ったが、認知症の老人が妄想を語っていると思われそうでやめた。

だからあの保育園はおかしいんだよ、声がうるせえのは嫌だからよ、いまはずっとヘッドフォンつけてコルトレーン流してんだよ、と雅人さんは力説している。

子供の頃から自分より小さい子供が大好きで、遊ぶ声が聞こえてきたら嬉しくなる私には、理解できない感覚だと思った。

逆走車

残業を終えた史朗さんが、帰宅するため深夜の道路で車を走らせていると、片側二車線の中央分離帯があるわりと大きな道路で、ハイビームにしたヘッドライトの光に目を襲われた。

こちら側の追い越し車線を、猛スピードで逆走してくる黒いスポーツカーがあった。すぐに車を左の路肩に寄せて停め、クラクションを鳴らす。するとスポーツカーはさらに速度を上げ、停まっている史朗さんの車めがけて突進してきた。

だめだ、ぶつけられる。史朗さんはとっさにシートベルトを外し、ドアを開けて車の外へ転がり出た。

後ろから来た白い軽自動車が、クラクションを鳴らして停車した。中年の運転手が、窓から顔を出して「どうしたんだ、大丈夫か」と大きな声を出している。

前方には、スポーツカーの影も形もなかった。史朗さんは「大丈夫です、何でもありません」と笑ってごまかし、車に戻って再スタートした。

帰宅して、ドライブレコーダーの映像を再生してみる。ヘッドライトをハイビームにして、猛スピードで迫ってきたはずのスポーツカーは、どこにも映っていなかった。

ただ、史朗さんが車を停める直前に、犬のような動物が道路を素早く横切るのが記録されていた。映像は不鮮明で、動物の種類は特定できなかった。

達人

柚巴さんは理系の彼氏と婚約している。理系には珍しく学生時代から不思議なものを見てしまう人で、ラブホテルのベッドの上で、天井から首を吊った女がぶら下がっているのを見たり、夜空に軽自動車ぐらいある人の顔がふわふわ浮かんでいるのを見たりしている（竹書房怪談文庫『投稿瞬殺怪談　怨速』所収「ソファでいい」「ふわふわ」にて作品化）。

彼は小柄な体格で、華奢でかわいいところが柚巴さんは気に入っているが、本人は強い男への憧れがあるらしく、最近、ブラジリアン柔術のサークルに入って鍛えはじめた。

小規模なサークルで、青帯から紫帯の先輩が五名ほどおり、その人たちにいつもくしゃくしゃになるほど揉まれているのだという。

彼は格闘技の初心者なので、先輩たちに押さえ込まれたり絞め技や関節技をかけられるときは、相手の手足が絡みついてきて身動きが取れず、自分がどんな格好をしているのかすらわからないそうだ。

ただ、ある先輩とスパーリングをするときだけは、どう考えても手足が一本多いとしか思えないほど、うまい技をかけられるのだという。

ほかの先輩とのスパーリングではそんな感じを受けることはなく、また、ほかの先輩がその先輩とやるときも、誰もそんなことを感じはしない。むしろ、その先輩は初心者の彼以外では一番弱く、帯もようやく青帯になったばかりだそうだ。

柚巴さんは「そういうテクニックってあるんですか」と訝《いぶか》しんでいる。私も柔道では黒帯を持っており、寝技にはちょっとうるさい方だが、手足が増えたように感じさせる技はどうにも心当たりがない。

飛び込み

和樹さんが幼稚園児の頃、家の向かいにあった公園でブランコに乗って遊んでいると、同じぐらいの年頃の、髪の長い見知らぬ女の子が滑り台の上に立っていた。

和樹さんがそちらを見ると、すぐに目が合った。

女の子は、滑り台の上にある柵を乗り越えて、地面に向かって足から飛び降りた。

あっ、と言う間もなく地面に激突する。かと思いきや、女の子は足から地面に埋まるように突き刺さってゆき、首だけを出して止まった。

顔だけがこちらを向き、くすくすと笑っている。

和樹さんはそのまま、お母さんが心配して探しに来るまで、二時間以上もブランコに座って泣いていたそうだ。

復帰

由貴さんが中学生のころ、歴史の授業を受けているると、前の席に座っている恵梨香さんが居眠りをしていた。白髪のおじいちゃんだった先生の語り口はおだやかで、聞いているとぼんやり気持ちよくなってくる。眠くなるのもわかるな、と思って眺めていた。

教室前方にある、閉まったままのドアから、前の席に座っているはずの恵梨香さんがこっそりした様子で入ってきた。由貴さんは混乱する。目の前でたしかに、恵梨香さんは机に突っ伏して眠っているのだ。

歩いて入ってきたほうの恵梨香さんは、由貴さんに向かって「しー」と唇の前で人差し指を立て、声を出すなと合図をする。とりあえず黙って見ていようと思った。

恵梨香さんは、自分の席まで歩いてきて、机に突っ伏す自分の背中を撫でている。そうするうちに、起きている方の恵梨香さんはだんだん縮んでゆき、十秒ほどすると豆粒ぐらいの大きさになって、眠っている恵梨香さんの口に入っていった。

何事もなかったように、恵梨香さんが身を起こした。そして手を挙げて、先生に「大塩平八郎の献策はなぜ受け容れられなかったのですか」と、その場の授業にちゃんと合った質問をしはじめた。

あとで恵梨香さんに訊いてみたら、自分はちゃんと起きて授業を聞いていたと言い張っていた。卒業以来十数年が経ち、由貴さんと恵梨香さんは地元にとどまっているのでたまに会うこともあるが、このときの話はなんとなく避けているそうだ。

終点まで

幽霊とか妖怪とか、そういう類の話とは違うと思うんですけどね。そう前置きして、忠司さんは旅先での出来事を話してくれた。

二十年ほど前の夏、学生だった忠司さんは、まったくゆかりのない中国地方を旅行していた。観光地へはいっさい立ち寄らず、観光客が訪れないような山奥の僻地《へきち》を逍遥《しょうよう》するという、ひと昔前の若者がインドへ自分探しに行ったやつの国内版みたいな旅だった、と忠司さんは表現している。知らない地方で、耳慣れない方言を話す人々に混じって、戦前からあるような食堂で飯を食うのが楽しみだったという。その気持ちは私もよく分かる。

その日は、路線バスの終点にある小さな日帰り温泉へ入るため、山道を縫うように走るバスの、最後列の座席に乗っていた。ほかの乗客はほとんどおらず、忠司さんが乗った次の停留所で乗車してきた、野良着姿で農協の帽子をかぶったおじいさんが、運転手のすぐ後ろの席に座っているだけである。

おじいさんは、乗ってすぐに降車ボタンを押し、次の停留所で降りていった。周囲には民家も商店もなく、ここで降りてどこへ行くのか忠司さんには想像もつかない。こういう気分を味わうのも旅の醍醐味《だいごみ》である。

おじいさんを降ろした停留所を出て、次の停留所でバスが停まった。乗ってきたのは、野良着姿で農協の帽子をかぶった、さっきとそっくり同じおじいさんだった。忠司さんは驚いたが、後ろからしか見ていないので、同じ人だとは断言できない。単に同じような格好をしているだけかもしれない、と思うことにした。

おじいさんは、乗車して運転手の後ろの席に座ると、すぐに降車ボタンを押し、次の停留所で降りていった。山奥の、民家も見当たらないような停留所である。忠司さんはさすがにおかしいと思った。

終点まであと二つとなる、次の停留所でまたバスが停まった。今度は少し開けた場所で、民家や郵便局もある。乗ってきたのは、野良着姿で農協の帽子をかぶったおじいさんひとりだった。

今度は、おじいさんは運転手の後ろの席ではなく、最後列に座って呆気に取られている忠司さんのほうに近寄ってきた。

忠司さんの隣に、おじいさんはどっかと腰を降ろした。そちらを見ないように、下を向いて寝たふりをしている忠司さんに、おじいさんが顔を寄せてきてささやいた。

いつまで乗ってんだよ

「言い掛かりもいいところですよ。こっちは目的地があってバスに乗ってるんだから、そんなこと言われる筋合いないです。でもねえ、その声がすごくいい声だったんですよ。今で言うイケボってんですか。低音が利いていて、艶《つや》のある声でね。思わず背筋がびくんとなりましたよ。返事？　そんなのできるわけないじゃないですか。黙ったまま、寝たふりを続けていたら、その後は何も言われませんでしたよ。あのじいさん、次の停留所では降りないで、結局終点の温泉まで乗ってきました。ええ、温泉にも一緒に入りましたよ。逃げるのもなんか嫌だったし、こっちから話しかけて『来るな』って言うのも変だし。気にしないことにしました。温泉ですか？　いい湯でしたよ。白濁して、ちょっととろみのあるお湯でね。じいさんがお湯に浸かっている間に出たんで、それからどうなったのかは知りません。不思議な体験、とあんたが言うからこの話をしたんだけど、こんなもんでいいですかね」

忠司さんは、話しているうちに興奮してきたのか、だんだん語気が荒くなっていた。その声は、低音の利いた艶のあるイケボであった。

ジャッキー・チェンのように

昨年の秋である。

深雪さんがバスに乗ると、運転席の窓の外に、つなぎの作業服を着た若い男がしがみついて、しきりに何かを叫んでいた。

運転手はかまわずそのままバスを発車させた。座席の六割がたを埋めていた乗客も、誰も気に留めていない。自分だけ騒ぐのも空気が読めない人みたいなので、無視してそのまま目的地まで乗っていた。

あれは怪異だったのか、それとも本当に人間がしがみついていたのか、今もわからない。

赤いドレスの女たち

息子の塾のお迎えに行き、路上に車を停めて待っていた。カーナビのテレビでは、大相撲が放送されている。

ふと歩道を見ると、赤いドレスを着たふたりの女が取っ組み合いをしていた。喧嘩かと思ったが、よく見ると相撲を取っているようだ。

画面では、豪快な二丁投げが決まって、巨漢力士の身体が宙を舞って土俵に叩きつけられた。それと同時に、歩道の女のひとりも大外刈りでぶん投げて勝負を決めた。

ちょうどそのとき、息子が塾から出てきたのでドアを開けて招き入れた。路上にいた女たちの姿は、目を離したほんの一瞬でなくなっていた。

ちょっとだけちょうだい

ころころと真ん丸いフレンチブルドッグを散歩させていると、かわいいねえ、と上品そうなおばあさんに声をかけられた。さわってもいいかしら、と笑顔で言う。犬も撫でてほしがるので、触らせてあげた。

ほんとうにかわいいわね、ちょっとだけちょうだい。

おばあさんはそう言うと、犬の首筋に顔を寄せて、匂いを吸うような仕草をした。

ありがとうね、とおばあさんは去っていった。

次の日から、フレンチブルはやたらとご飯を欲しがるようになったが、食べても食べても太るどころか痩せていき、二週間で肋骨が浮いて見えるようになった。心配で病院へ連れていったが、何の異常も見つからなかった。

本人（犬）は至って元気なものだが、三ヶ月経ってもまだ元に戻っていない。

大丈夫ですよ

雄三さんが早朝に柴犬を散歩させていると、向こうから自分そっくりの男が、そっくりの柴犬を連れてこちらに歩いてくるのに出くわした。犬はどちらも無反応である。何も言わずにやり過ごそうと思ったが、すれ違いざまに「やっと会えたな」と言われた。

その日以来、毎晩のように寝床で金縛りに遭い、横たわっている自分の周りを子供の頃の自分がぐるぐると走り回るのを見る。

困った雄三さんは、知人の紹介で霊能者に見てもらうことにした。

紹介してくれた知人を伴って、その霊能者の家へ行く。お寺のような、和風の立派な建物だった。玄関の前に、作務衣姿で長髪を後ろに撫でつけた、痩せて色の白い男が立っている。この人らしい。知人が「先生、よろしくお願いします」と頭を下げたが、その男は雄三さんが口を開く前に「ああ、この方ですね。心配しなくても大丈夫です。気の所為《せい》です。何もありませんよ」と一方的にまくしたて、なぜかお土産《みやげ》にみたらし団子を持たせて「大丈夫ですよ、二度と来なくていいですからね」と釘を差したうえで、家の中へ引っ込んでしまった。

呆気に取られている雄三さんに、紹介してくれた知人はしきりに謝るばかりだった。仕方ないのでみたらし団子を持って家に帰り、家族で分けて食べた。

なぜかそれ以来、金縛りに遭うことはなくなったが、犬は半年後に死んだ。

大の字

涼美さんが、近所の神社で高校受験の合格を願ってお参りをして、ひと気のない境内を散策していた、秋の日のことである。

本殿から離れた、苔むした小さな祠《ほこら》が設置された一角に、ブランコが撤去されたらしい金具が立てられていて、その真下で、ボーダーの長袖Tシャツにジーンズ姿の若い女が、地面に大の字で寝そべっていた。

すぐに目が合った。

変な人だ、と思ったが声が出ない。逃げようと思ったが足がすくんで動かなかった。

その場に凍りついている涼美さんに向かって、女が「さようなら！」と舞台女優のようなよく通る大きな声で叫んだ。

それが合図だったかのように、涼美さんは動けるようになり、すぐに背を向けて逃げ帰った。この女の話は、家でも学校でもしたことがない。

次の正月、初詣でこの神社に来たとき、あの一角には近づかなかったが、おみくじを引いたら末吉だった。まもなく涼美さんは受験に失敗し、志望校ではない高校へ進むことになった。

次の正月は中吉で、その次は小吉、その次の正月のおみくじは凶と出た。涼美さんが高校を卒業する頃、お父さんの事業がうまくいかなくなり、大学への進学をあきらめて高卒で就職した。

それ以降、涼美さんは勤務先の倒産、つきあっていた男性の事故死、お母さんが振り込め詐欺の被害に遭うなど、人生うまくいかないことばかりです、とこぼしている。

高校受験の合格祈願に来たときから二十年経ち、毎年おみくじを引いているのだが、大吉が出たことは一度もないという。

「あの『大の字』の女がさようならを告げたときに、私の人生から大吉が失われてしまったんだと思うんです。つまらないこと考えるひとだな、って思われるでしょうね。でも、正直な感想ですから。そんな人生だったんです」

涼美さんは、歳の割に艶のない髪をかきあげて、物憂げな表情でそう話した。

本人がそう思っているのなら、あまりどうこう言うこともないだろう。私は、何か追加情報を思い出したらここへ連絡をください、と名刺を差し出した。受け取った涼美さんは、私の名前を見て、喉の奥で悲鳴じみた声を小さく押し殺した。

「二十年ぶりです、『大の字』は」

私はこれまで、親族や親密な関係の女性たちから、ほぼ例外なく「大ちゃん」と呼ばれてきた人間なのである。

交通安全

貴之さんが、夕方から深夜までコンビニでアルバイトをして、帰宅するためひと気のない夜の道を、マウンテンバイク型の古い自転車で走っていたときのことである。

いきなり、サドルを後ろから強い力で引っ張られた。

うわわわわっ、と声が出た。ものすごい力で、そのまま後ろに十メートルほど、わずか一秒ほどのうちに引きずられた。タイヤが地面に擦《こす》れて、焦げ臭い匂いがする。

自転車が止まって、貴之さんは全身から冷や汗が吹き出すのを感じながら、恐る恐る後ろを振り向いた。

何もいなかった。

ただ、貴之さんが座っていたサドルの後ろ部分に、熊の爪で引っ掻いたような大きい傷が三本ついていた。

触ってみると、べたべたした粘液がついている。気持ち悪いので、貴之さんは自転車をそのまま粗大ゴミに出してしまった。

今はバイト代で買った原付バイクに乗っているが、また引っ張られないよう、座席の後ろに交通安全のお守りを貼り付けている。これで大丈夫、と貴之さんは信じている。

何かが空を飛んでいる

卓也さんの高校時代、裕太さんという友達がいた。裕太さんはＵＦＯや宇宙人の話が大好きで、その実在を固く信じているようだった。

「よく、ケネス・アーノルド事件だの、フラットウッズ・モンスターだの、甲府事件だの、そんな話を聞かされましたよ。僕はそんなの全然信じないんですけど、あいつは本気で宇宙人がいるものだと信じているようでした」

他にも何人か、裕太さんの話に付き合わされて、ＵＦＯに詳しくなってしまった友人たちがいたそうだが、高校を卒業して、卓也さんや他の友人たちは大学へ進んだものの、裕太さんが受験に失敗して浪人すると、すぐ疎遠になってしまった。うわさに聞くところでは、裕太さんは予備校にも行かず自室に引きこもるようになり、家族が苦労しているということだった。

「ＵＦＯのことばかり考えていたから、現実の地球とうまく折り合いがつけられなくなっちゃったんでしょうね。三浪めの春に、裕太は亡くなりました」

死因や亡くなった詳しい経緯は、卓也さんも知らないそうだ。

「それで、高校の時に仲が良かった友達何人かで、葬式に行ったんです。ご両親は憔悴しきった感じで、本当に気の毒でした。葬儀の場で久しぶりに再会した友人たちとグループLINEを登録して、そのうち飲みにでも行こう、と言って別れました」

その夜のことである。

卓也さんがお風呂から出てくつろいでいると、リビングの窓から強烈な白い光が射し込んできた。何事かと窓を開けてみる。

「いたんですよ、アダムスキー型の空飛ぶ円盤が。裕太がとくに好きだったやつです。空を飛んでいるというより、目の前の高さにふわふわ浮いているような感じでしたね。ずいぶん長いことそいつを見つめていたような記憶がありますが、実際はたぶん一秒そこそこだったと思います。どこかへ飛んでいくとかじゃなく、その場でパッと消えてしまいました」

卓也さんが、驚いた心を落ち着かせるためタバコに火をつけると、スマホが通知音を立てた。今日の葬儀で会った友人のひとりから、LINEで「今うちの上空にアダムスキー型の円盤が出現した」と入っている。卓也さんが「マジか　おれもだ」と返信すると、他の友人たちからも「うちにもきた」「俺も見た」と次々に返信がきた。五人の友人たちが、全員同じ時刻に、それぞれまったく別の場所で見たのである。

「僕はＵＦＯが宇宙人の乗り物だなんて信じていないし、死んだ人が行くのはあの世であって宇宙じゃないと思うんですけど、裕太がお別れを言うのに選んだんだとしたら、ぴったりだと思いました。あれに乗っていけたんだとしたら、本望でしょう」

アダムスキー型円盤という単語を聞いたのは何年ぶりだっただろうか。私は、そのノスタルジックな響きについ頬がゆるむのを隠すのに必死だった。

日本で空飛ぶ円盤が流行したのは一九六〇年代のことであり、二十一世紀にそれを愛好していた人はかなり珍しいであろう。なお、ＵＦＯ研究の祖ジョージ・アダムスキーは、金星で会った美少女は亡くなった妻の生まれ変わりだったと称していたので、宇宙とあの世は意外に近いのかもしれない。

わたしはここだよ

仕事を終えて帰宅した壮介さんが、疲れ切ってアパートの階段を上り、廊下を歩いていると、女の声で「おかえり」と言われた。

廊下には誰もいない。消火器がぽつねんと置かれているだけだった。壮介さんは、消火器に向かって「なんだあ、俺におかえりを言ってくれるのはお前だけか。へへっ」とひとりごちながら玄関の鍵を開けた。

部屋でバラエティ番組を見ながら、ビールを飲んでいた。仕事の緊張がほぐれていい気分になってきたころ、どこからか焦げ臭い匂いが漂ってくる。自分のキッチンは使っておらず、タバコも吸っていない。訝しんでいるうちに匂いが強くなってきた。どこかで火が出ている。きっと隣のボンクラ学生がタバコの不始末でもしたのだろう、と目星をつけた壮介さんは、廊下でさっき自分に声をかけてきた（と壮介さんが思った）消火器を取りにいくことにする。

玄関を開けて廊下に出た。隣室のドアからわずかだが煙が出ている。これは一刻の猶予もない。壮介さんは消火器を取ろうとした。

さっきあったはずの場所に、消火器がなかった。

混乱した壮介さんだが、ないものは仕方がない。壮介さんは隣室のドアを叩きまくった。返事がない。ドアのレバーをひねってみる。鍵はかかっていなかった。靴を履いたまま中に入ると、煙が充満している。奥の和室で、ふとんについた火を消そうと若い男が悪戦苦闘していた。

さっき廊下になかった消火器が、なぜか入ってすぐの洗面所に置かれている。

壮介さんは消火器をつかみ、ピンを抜くと「大丈夫か!」と声をかけながら、燃えているふとんに向けて消火剤を噴射する。そこら中を薄ピンクの粉まみれにして、火は消えた。いつの間にか壮介さんは全身汗びっしょりになっていた。住人の若い男は「ありがとうございます、ありがとうございます」と泣きながら土下座している。なぜ消火器を部屋に持ち込んだのに使わなかったのか、と問いただしてみたが、何のことかわからないようだった。消火器を部屋に持ち込んだおぼえはない、廊下にあったはずでは、と訝しんでいる。

「とにかく、ボヤで済んでよかったです。あの消火器が、もうすぐ出番だと思って張り切ってくれたんですかね。隣の学生はそれからすぐに引っ越しました。半年経ったけどまだ空き部屋のままですよ。

わからないのは、あの声なんですよね。どこかで聞いたことがあるような、しっとりした、どこか懐かしいような声だったと思います。誰か、他にも消火器が喋るのを聞いたって人はいませんかね。それとも単に、俺が消火器と話すやばい男だってことなんですかね」

酒好きの壮介さんは、自分はアルコール依存症になっていて幻聴を聞いたのではないかと心配になり、病院へ行ったが肝臓の数値に問題はなく、他に酒で失敗したことも、飲んではいけないときに飲んでしまうこともなかったので、飲み過ぎの自覚があるなら少し控えてくださいと注意されるにとどまったそうだ。

面影双紙

早くに両親を亡くした充さんは、四十歳を過ぎたころから、鏡を見るたび「だいぶ父さんに似てきたな」と思うようになった。目元から鼻にかけて、加齢で肌にたるみが出てきて、ますますその面影が強くなってきた。

今朝も、充さんは洗面所で髭《ひげ》を剃りながら、父の面影を見出してしんみりとした気分になりかけていた。

鏡の中の、自分の後ろを人影がよぎる。

顔も服装も髪型も識別できないほど、一瞬のできごとだったが、なぜか母だとすぐにわかった。

明日は両親の墓参りに行こう、と思った。

熊の子の子

ある筋から聞いた話である。

近年、本州でも北海道でも熊の目撃情報が多発しており、人間の生活圏と熊の生息圏が接近したための事故も多く報道されている。

とくに危険なのは子熊である。可愛らしい子熊のそばには、たいてい母熊が隠れており、人間が近づくと容赦なく危害を加えてくるからだ。

それらの目撃例の中に、いくつか奇妙なものがあるという。

母熊が、子熊を一頭か二頭連れて、山中の道を横切る。人間に気づかないか、無視してそのまま通り過ぎてしまう。

その後ろに、明らかに熊ではない生き物がいることがある。

子熊より少し小さい、小型の犬か子供の猿ぐらいの大きさで、毛は生えておらず全身が紫色の粘膜で覆われている。頭、手足、胴体の区別がはっきりしない曖昧《あいまい》な体型をしていて、かろうじて四本あるとわかる程度の脚を、あまり動かさずに飛び跳ねながら、親子熊の後ろにぴったりついていく。これが現れたときは、獣の匂いとは明らかに異なる、鮮烈な血の匂いがするそうだ。熊の真似をしようとする何かのようだ、と表現する人もいる。

これを見たと報告しても、あまりに異様なので「幻を見たのだろう」と却下されているのだという。

どこの地域でそんな目撃証言があるのか、そもそもどんな人がこの情報をもたらしたのか、公表する許可はどうしても得られなかった。

共同作業

小百合さんは、付き合って三年目の彼氏の部屋にいたとき、「大事な話がある」と切り出された。彼は小さな木のケースを取り出し、開けてみせる。中身は指輪だった。すでに指輪のサイズを訊かれていたので、意外性はないがやはりうれしい。

「結婚してほしい」

待っていた台詞《せりふ》である。小百合さんは「はい、よろこんで」と快諾し、指輪をはめようとした。

部屋の外から、猛烈な勢いで小さな雀が飛んできて、窓ガラスに激突しそこに落ちた。庭に出てみると雀はもう死んでいた。

めでたいはずのところに、縁起の悪いことで水をさされて小百合さんは腹が立ったが、彼は落ち着いて死骸をビニール袋に入れ、可燃ごみとして出すことにし、窓ガラスを雑巾で綺麗に拭いて、気を取り直して小百合さんの手に指輪をはめようとした。

同じ窓に、今度はもっと大きな、色鮮やかな鳥が飛んできて、またガラスに激突して落ちた。

落鳥していたのは、真っ赤な顔と美しい緑色の羽根を持った、大きな牡の雉《きじ》だった。

小百合さんは、先行きが不安になって、結婚の話は一旦保留とし、ふたりで協力して庭に深い穴を掘り、雉の死骸を埋めた。

翌日、あらためて彼のプロポーズを快諾して、ふたりは結婚した。

それから十年も経つが、気味が悪くなったのであの指輪は一度もはめていない。小百合さんも、夫も、薬指には何もつけていないそうだ。

もうすぐ四人目の子供が産まれる。

私は私

　双生児の百合香さんと麻美香さんは小学生の頃、とてもよく似ており、周りの人たちが見分けやすいように百合香さんは赤系、麻美香さんは青系でランドセルからパジャマまでカラーリングを揃えていた。どちらからというわけでもなく、幼稚園の頃からなんとなくそうなっていたのである。

　寝るときは、二段ベッドの上段に姉の百合香さん、下段に妹の麻美香さんが寝ていた。ベッドのシーツも、百合香さんのはピンク、麻美香さんのは水色である。

　その夜も、百合香さんはいつものように上段で眠った。

　次の朝、六時半ごろに目が覚めると、ベッドの下段にいた。百合香さんは目をこすりながら、きっと夜中に寝ぼけて入れ替わったのだろうと思ったが、ベッドのシーツはピンクである。不思議に思いながら自分のパジャマを見ると、上が赤で下が青のものを身につけていた。上段でも「あれ?」という声がしている。麻美香さんも目を覚まし、ベッドが入れ替わったことに気づいて混乱しているのだ。

とりあえずふたりともベッドから出て、顔を見合わせた。そしてどちらからというでもなく、パジャマの下を脱いで自分のものと交換してから、お母さんが起きて朝食の支度をしているリビングへ出ていった。

それから数年が経ち、今は百合香さんと麻美香さんも高校生になっている。相変わらずふたりはそっくりで、いつも一緒に過ごしている。

「でも色分けはやめたんです。別にそんな、他人から見分けなんかつかなくたって、自分たちが自分だってわかればいいんですから」

ファストフード店のテーブルを挟み、お揃いのセーラー服を着て、同じツーテールの髪型にした、同じ顔に同じメイクを施したふたりの少女が、私の向かいに座って微笑んでいる。なんとも異様なシチュエーションではある、このセーラー服も、別に学校の制服ではなく、わざわざふたりお揃いで買ったコスプレ衣装だそうだ。

私にも三歳下の弟がいて、子供の頃からよく「似ている」と言われたものだが、このふたりの気持ちはまったく理解できない。

文明の利器

和恵さんがひとりで夕食を摂っていると、耳元で「おいっ！」「おいっ！」と呼びつける声がする。一昨年、八十三歳で亡くなった夫の声だ。

生前の横暴では飽き足らず、亡くなってからも私をこき使うつもりなのか、と腹が立つので無視している。

「でも、最近はいいものができましたから」

そう言って和恵さんは、孫娘からプレゼントされたというワイヤレスイヤホンを見せてくれた。使いはじめたばかりのスマホで音楽を聞くためのものだが、ノイズキャンセリング機能がついているのである。

外部の音と逆位相の音波を出力して、物理的に音を消すものだが、亡くなった人の声まで消せるとは思えない。おそらく和恵さんの意志がそうさせているのだろう、と私は思った。

線香が煙を立てている仏壇には、和恵さんの両親の写真だけが飾られていた。

大人はわかってくれない

昭和中期のことである。

小学生だった信之さんが、小学校の帰り道をひとりで歩いていると、道の反対側に、薄くなった頭で、眼鏡をかけ、いつも優しく笑顔を浮かべている校長先生が、背広姿のままそこに立っていた。

校長先生さようなら、といいながら礼をして通り過ぎようとした。

すれ違いざまいきなり、後頭部に何か重くて水気のあるものがぶつかった。反射的に振り向くと、校長先生が笑顔のまま、こちらにトマトを投げつけていた。

トマトは矢継ぎ早に信之さんを襲い、シャツもランドセルもズボンも、トマトの汁でみるみる真っ赤に汚れてしまう。校長先生が、子供のようにけたけた笑う声を、後ろから浴びながら家に逃げ帰った。その姿はどうしたの、と驚く母に、校長先生にトマトをぶつけられたんだと正直に言ったら、嘘をつくなとひっぱたかれた。

大人は信用できない、と幼い信之さんはこのとき痛感したそうだ。

次の日に学校へ行くと、校長先生はいつものように笑顔で生徒たちを迎えていた。そういえば、昨日のトマトを投げていた校長先生は、本物の校長先生の半分くらいしか背丈がなかったなと、このときになって初めて気づいた。

大人より、子供より、そのどちらでもないモノこそがいちばん信用できない、ということを信之さんはこのとき知ったそうである。

遊星から来た兄弟

俊彰さんが小学校に入る前、今から四十年ほど昔のことである。

近所に仲良しの男の子がいた。名前は思い出せないが、坊ちゃん刈りで鼻筋の通った綺麗な顔をしている、品の良い子だったのを覚えている。俊彰さんはウルトラマンが大好きで、ソフビ人形でよく遊んでいたのだが、その子もやはりウルトラマンが好きで、怪獣やウルトラマンのソフビ人形をよく持ってきては、戦いごっこをして遊んでいた。なぜか幼稚園でその子に会うことはなかったが、こうして自分の家で彼と遊ぶのがいちばん楽しかった。

小学校へ入る頃には、ウルトラマンごっこにも飽きてきて、彼ともいつしか疎遠になっていた。学校も別々だったようで、その後は彼に会うこともなく、すっかり存在自体を忘れたまま小学校時代を過ごした。

俊彰さんが中学に入る頃、近くにあるもう少し広い家に引っ越すことになり、荷物を片付けていた。小さい頃に読んだ、表紙が破れてぼろぼろの『ドラえもん』四巻やら、テープが擦り切れるまで繰り返し見た『ピーターパン』のＶＨＳやら、六神合体のうち両足しか残っていない超合金合体ロボやら、懐かしいおもちゃが押入れの奥から次々に出てきた。中学生になってみるとそれらは恥ずかしく感じられ、俊彰さんは全部ゴミに出してしまうことにした。

お母さんが、「これあんたの？」と小さなソフビ人形を持ってきて、俊彰さんに見せた。古い、片腕がもげて塗装があちこちはげた、ウルトラマンらしきものだ。両親の寝室にある洋服ダンスの、お母さんの下着が入った引き出しの奥に押し込まれているのを見つけたのだという。

俊彰さんは小さい頃から、両親の寝室に入り込んだり、ましてやお母さんのタンスを開けたりなどしたおぼえはない。それに、自分が持っていたソフビ人形のことはちゃんと記憶しているが、そのウルトラマンは違った。

その人形を見た瞬間、俊彰さんは幼馴染のあの子を思い出した。幼稚園の頃、家によく遊びに来ていたあの子が、「いいだろ、これ次の番組で登場する新しいウルトラマンなんだぜ」と自慢げに見せてくれたことまで、瞬時にすべて思い出したのである。お母さんにその話をしたが、「何言ってるの、あんたは幼稚園の頃ぜんぜん友達ができなくて、いつもひとりでウルトラマンと怪獣を戦わせて遊んでいたじゃないの。友達が遊びに来たことなんかないでしょう」と、全然取り合ってくれなかった。

「自分のイマジナリーフレンドだったのかもしれないけど、だったらその人形があるのはおかしいじゃないですか。それに、その人形がすごく変だったんです」

そのウルトラマンは、銀色ベースに赤い模様がついているのは普通のデザインだったが、頭の前後両側に顔があり、両方の額から三本ずつ黒い角が生えた、異様な姿をしていたのである。

お母さんがその場でゴミ袋に突っ込んでしまったので、現物は残っていない。なんともったいないことをしたものか、と私は思った。

暗くて狭い

睦美さんが、親しい友人の未奈さんと一緒にショッピングモールへ買い物に行ったとき、屋台形式で出店していたパワーストーン屋で、未奈さんが足を止めた。睦美さんはそういう方面にまったく興味がないのだが、未奈さんはそういったスピリチュアルなものに、以前から多少の興味を抱いていたようである。

昔のヒッピーみたいな格好をした若い女性店員といろいろ話した末に、小さな勾玉のペンダントを買って、満足げな表情を浮かべる未奈さんを、睦美さんはちょっと冷ややかな目で見ていた。

それから未奈さんはスピリチュアルにどんどん傾倒していき、話すことは「引き寄せの法則」だの「言霊《ことだま》」だのといったキーワードまみれになった。服装も変わってゆき、清楚なファッションを好んでいたのが「スーパーフライのステージ衣装みたいになっちゃったんです」と睦美さんは表現している。親友の変貌を、ちょっと苦々しい思いで見ていた睦美さんだったが、あるときをきっかけに距離を置くことにした。

「白い数珠を渡してきて、これを自分だと思って肌身離さず着けていてほしい、って言うんです。自分がはまる分には勝手にすればいいですけど、私にまで押しつけてくるのはどうかと思って。これだって安いものじゃないんでしょうし、ちょっと度が過ぎると思ったんです」

睦美さんは、未奈さんからもらった数珠を着ける気にはならず、タンスの小物用引き出しに押し込んでしまった。

すると、それまで毎日のように来ていた未奈さんからの連絡が、ぷっつりと途絶えたのである。

「距離を置こうと思ったのはたしかに私ですけど、こちらから電話をかけたりするのは控えようと思っただけで、もう連絡してこないでなんて全然言ってないんですよ。それなのにいきなり連絡が来なくなったので、ちょっとホッとしてもいたんです。でも、一ヶ月経っても全然音沙汰がなかったので、さすがに心配になってこちらから連絡したんです。そうしたら、体調を崩していたというんですね。かわいそうになって、元気づけるため会いにいくことにしました」

引き出しから白い数珠を取り出し、左の手首に着けて、睦美さんは未奈さんのお見舞いに、彼女の家まで行った。会いに行って着けていなかったら、未奈さんが落胆するだろうという思いやりである。

　ベッドに腰掛けた未奈さんは、もともと痩せ型だったのがさらにやつれたようになり、頬がげっそりとこけていた。

「未奈は、一ヶ月前に会った次の日、駅のエレベーターでいきなり息ができなくなって倒れたんです。救急車で病院へ運ばれたんですが、診断は閉所恐怖症だったそうです。それまで、遊園地で観覧車に乗ったりしても全然平気だったのが、突然ですよ。それをきっかけにパニック発作が相次いで、外出もできずに寝込んでいたというんですね」

　しかし、睦美さんが訪れたとき、未奈さんは痩せこけた顔ながら目を輝かせて、やたらと明るい態度で睦美さんの手を取り、ぶんぶん振りながらまくしたてていた。

「もう大丈夫。なんだかね、今日はすごく調子がいいの。ずっと狭いところに閉じ込められていたような気分だったけど、太陽の下にやっと出られたみたいで、私とっても嬉しい。来てくれてありがとう、睦美のおかげだよ」

　明らかに躁状態で、未奈さんは嬉し涙すら流しながら、睦美さんに感謝の言葉を繰り返し続けたのである。

そう話す睦美さんの左手には、白い数珠タイプのブレスレットが着けられていた。未奈さんに会いに行った日からもう一年になるが、ずっと肌身離さず着けているそうだ。最近の未奈さんは、スピリチュアルへの傾倒がますます強まり、仏門に入ることを検討しているという。

睦美さんは、私の剃り上げた頭を見ながら「それって、やっぱり手入れとか大変なんですか？」と尋ねてきた。

慣れればどうってことないですよ。

ビル街の豚

紗弥加さんの職場で、向かいの席に座っている同僚がいきなり「なんか臭くない？」と鼻をつまんで言い出した。

「なんかね、豚小屋みたいな匂いがするよ」と騒いでいる。

ほかの同僚や上司たちが、「オフィスビルの中でそんなわけないだろ」「俺は何も匂わないぞ」「たとえとしても豚小屋は強烈すぎるんじゃない」などと口々に言い、笑っている。

紗弥加さんは、職場のパソコンでこっそり、実家から隣県で養豚業を営んでいる叔父の家までの道のりを検索していた画面を閉じた。

スリップ・オブ・ザ・タング

その日、啓太さんがラブホテルに呼んだデリヘル嬢は、首筋や胸や脇腹にタトゥーを入れて顔にはいくつもピアスを通し、舌をスプリットに改造した、強めのビジュアルが売り物だった。別にそういう女性がタイプというわけではないのだが、物珍しさに惹かれて指名したのである。

蛇のような舌がちろちろと動く様に、啓太さんは異様な興奮をおぼえた。ディープキスのサービスでは、その舌が口の中に入ってくる。啓太さんもつい自分の舌を強く差し入れてしまい、苦しくなった彼女が頭を振りほどこうとした際、舌と唇を軽く噛まれてしまった。

血が出るほどではないが、少し苛つく。彼女は狼狽しながら、すみません、すみませんとしきりに謝っていた。ちょっと意地悪な気持ちになった啓太さんは、じゃあお詫びに本番をやらせてよ、と冗談めかして持ちかけた。すると、ピアスだらけの顔にいっぱいの涙をため、わかりました、どうぞと脚を広げて仰向けに横たわる。今度は啓太さんが慌てて、うそうそ、やらないからと言って彼女を起こし、規定の料金を払って帰らせた。

この子は向いてないな、と啓太さんは思った。

なんとも苦いような酸っぱいような気分で自宅へ帰ると、実家のお母さんから電話がかかってきた。

お父さんが草刈りをしていたとき、飛びかかってきたマムシに唇を噛まれて病院へ運ばれたのだった。

夜が開けたら

以下四本の体験談は、提供者の方がご自分の体験を文章化したものである。私の聞き書きより、このまま掲載したほうが持ち味を活かせると判断した。


雨が降っていた。

私は眠れずに電気を消した天井を見つめていた。携帯を取り上げ時間を確認する。

二時十五分
雨足が強くなってきた。しばらくしてウトウトし始めた時、バタン、バタンという大きな物音で目を醒ました。なんの音か見当もつかない。私は部屋を出て音の正体を探した。音は止んでいた。雨の音だけが夜中のリビングに響いている。リビングの照明をつけた時なにか気配が動いたような気がし、振り返るとそこには知らない子供がいた。男の子のようでも女の子のようでもある。

「何してるの?」と話しかけたら「おマイリ」と言った。オマイリって何? と聞こうとしたら子供はいなくなっていた。うるさいくらい雨の音がした。それから私は部屋に帰って眠った。朝起きてカーテンを開け外を見ると私は自分の目を疑った。昨夜の雨の痕跡が全くなく地面は乾いていた。そして朝だというのにもう太陽がギラギラと熱を放っていた。不思議なことだが身支度をして車のエンジンをかける頃には全てどうでも良くなっていた。

窓を開けたら

こちらも、同じ提供者からのものである。

同様に、あえて鷲羽の手による再構成をすることなく、御本人に文章化していただいた。そうしないと、こぼれ落ちてしまうものが大きいと判断したためである。

満月の夜、私は残業を終え車で家に帰っている途中だった。月は心做《な》しか赤く光って見えた。セイタカアワダチソウが黄色く揺れている。私は風を感じるため車の窓を開けた。すると車の中に黴《かび》臭い匂いが入ってきた。自然と眉間に皺《しわ》が寄る。車の窓を閉めようとした時、急に何かが車の前を横切った。私は慌ててブレーキを踏んだ。すると、ドンッと後ろで音がした。私はバックミラーで後部座席を確認した。するとそこには子供が一人座っていた。私はその子供を無視して車を走らせた。いつの間にか満月は雲に隠れてしまっていた。バックミラーで子供を確認しようとしたが暗くてシルエットしか見えない。私は突然「わっ!!」と大きな声を出した。バックミラーをもう一度見た時子供は消えていた。

仕事が忙しくてきっと疲れているんだろう。そう思うことにして家に帰って、シャワーも浴びずに寝た。

次の日、車の後部座席を確認するとそこには見覚えのない交通安全のお守りが落ちていた。

眩暈

こちらも、前二本と同じ方に提供していただいた文章である。

土曜日、私は変な夢を何回も見て起きた。十時半だった。たくさん寝たはずなのに眠った感覚がなく、身体はぐったり疲れ果てていた。もうこの状態が一週間も続いている。シャワーを浴びて目を覚まし、出かける用意をする。本屋でヨガの本を買うつもりだった。寝る前に身体を動かして寝れば少しはマシなような気がした。電車に乗り、大きな駅の東口にある本屋に向かって歩いていると軽い眩暈《めまい》がした。交差点の真ん中で立ち尽くす。すると向かいから子供が私を目掛けて足早に歩いてきた。見たことある子供だな。私はふらつく身体を支えるように両手で自分を抱きしめた。ふいに後ろから誰かにぶつかられ、邪魔なんだよと怒鳴られた。私はよろよろと前に進んだ。子供はいつの間にかいなくなっていた。あの子供とはどこで会ったんだっけ？　私は思い出そうとしたが、思い出そうとすればするほどさっきの子供の顔を思い出せなくなっていた。交差点をわたり切ると六十歳ぐらいの女性に身体を支えられた。「お参りに行きなさい」その女性はそう言うと、私に何かを握らせ立ち去っていった。手を開くとそこには交通安全のお守りがあった。背中を、冷たい汗が一筋滴り落ちた。

お守りの来た道

「で、これがそのお守りなんだね」

テーブルの上に置かれた二つのお守りを眺めながら、友達の由美が私をじっと見つめた。

一つは車に落ちていたお守り、もう一つは交差点で持たされたお守り、どちらも交通安全と書かれている。神社の名前は書かれていない。

このお守りを売っているところに行きたいんだけど、どうやって調べたらいいんだろう？　私は由美に相談した。彼女はネットの画像検索を使って、あっさりその神社を見つけてくれた。しかし私はその神社には行かなかった。妊娠が発覚してそれどころではなくなってしまったのだった。子供の父親とは一ヶ月前に別れていた。黙っているのも嫌だったので一ヶ月ぶりに連絡をした。すると電話の向こうから聞こえてきたのは彼ではなく年配女性の声だった。そして私は、お母さんから、彼が交通事故で亡くなったことを聞かされた。

以上の体験談をいただき、私は聖羅さんにお会いすることになった。

待ち合わせ場所にやってきた聖羅さんは、まとわりつくような文体とはイメージがまったく違う、ベリーショートの髪でハキハキとしゃべる女性だった。お腹はまだそれほど目立たないが、八ヶ月だという。

今は、亡くなった彼の実家に身を寄せて、ご両親の世話になっている。たったひとりの跡取り息子が亡くなり、悲しみに沈んでいたご両親にとって、彼の血を引く子がいたことは望外の喜びだったのである。さっそく聖羅さんと養子縁組をして、生まれた孫は引き取るという約束をした。

聖羅さんの前に繰り返し現れたという子供は、男の子だったのか女の子だったのか、今もわからない。お腹の子も、かかりつけ医は生まれる前に性別を伝えない方針なので、男の子か女の子か、まだわからないそうだ。

得意技

敬介さんは、三年前に奥さんを不慮の事故で亡くした。まだ三十四歳の若さだった。

初夏のある日、敬介さんはスーパーで山形県産のさくらんぼが売られているのを見かけた。季節の走りであり値段は高かったが、奥さんの大好物だったのでひとパック買い求め、仏壇がわりにしている写真立ての前に供えておいた。

翌日、奥さんのおさがりをいただこうと、さくらんぼのパックを開けた。いちばん上にあった房の、軸がくるんと結んであった。

奥さんは生前、舌で軸を結ぶのが得意だったのを思い出し、切なくなった敬介さんはソープランドに入れていた予約を取り消した。

空を飛びたい

見渡す限り誰もいない、だだっ広い河原でドローンを飛ばして遊んでいた。
手元に戻ってきたドローンを見たら、胴体に長い髪の毛がびっしりと絡みついていた。

古い記憶

今年六十四歳になる治郎さんの、最も古い記憶は、お寺の本堂のようなところで、たくさんのお坊さんがお経を唱える中、母親に強く抱きしめられながら、必死に嵐が通り過ぎるのを待っているところだ。

何をしているところなのかは全く記憶になく、ただただ怖かったということしかおぼえていない。

不思議なのは、たしかにお寺の中だったのに、風がごうごうと渦を巻いていて、雨も降っていたような気がすることである。

この出来事について、治郎さんはお母さんに「こんなことあったよね?」と尋ねてみたが、何度訊いても「さあ?」「何だったかしら」などとはぐらかされ、ついにわからないままお母さんは昨年亡くなった。

なお、お母さんが亡くなったときに戸籍を見たら、実は治郎さんは双子で生まれていて、弟は三歳のときに死んでいることがわかった。治郎さんは、このときまで自分はひとりっ子だと思っていたそうだ。

その後は法事に参加した記憶もなく、お寺に連れていかれたこともない。あのお寺はどこにあったのか、そもそも本当にお寺だったのかどうかも、今となっては確かめようがない。

子供の行列

沙都子さんが高校生の頃、部活を終えて自転車で下校していると、道路の反対側に小学生の集団がいた。一年生らしい小さな子供たちが、ランドセルを背負い、黄色い帽子をかぶって、十人ぐらいまっすぐ一列に並んでいる。時刻はもう夕方で、小学一年生の下校にはちょっと遅い時間だ。ちょっとした違和感をおぼえながらも、それほど気に留めず走り去ろうとした。

すれ違った直後に、後ろで子供たちの悲鳴が聞こえた。思わず急ブレーキをかけて、沙都子さんは振り向いた。

子供たちの姿はどこにもなく、ただ大きな猛禽《もうきん》類が兎をその爪で捕まえ、飛び去っていくところだった。

沙都子さんの通学路は地方都市の住宅街で、決して野兎や鷹が出没するような地域ではなかったそうである。

喉越し

明日香さんは地方都市のクラブでホステスをしていたが、お酒の飲み過ぎで体調を崩し、しばらく入院することになった。

病院で、規則正しい生活と栄養豊富な食事、そして何より禁酒していたおかげで体調はほどなく回復し、無事に退院した。しばらくお酒から離れていたのでビールが恋しい。だがもうしばらくアルコールは控えておこうと思った明日香さんは、病院から帰宅する途中にコンビニへ寄り、ノンアルコールビールを一缶買った。

家に帰り、缶を開けて冷たい液体を口に入れる。

爽快な苦みと香りが走り抜けた。味はビールそのもので、悪くない。

喉を炭酸が刺激しながら通り抜けていく。三呼吸めで、違和感が生じた。人差し指くらいの太さを持った、うどんのような物体が口の中から喉の奥へ入っていこうとした。

反射的に吹き出してしまう。苦く冷たく、泡立った液体が口と鼻から溢《あふ》れ出し、明日香さんは悶絶した。吐き出そうとしたが、さっきのぬるりとした感触をもたらした物体は、口の中にも鼻の奥にも、どこにも存在していなかった。

「それ以来、お酒を飲みたいという欲求はまったく出なくなったんですけどね。かわりにやたらとお腹がすくようになっちゃったんですよね」

三枚重ねのパンケーキをぺろりと平らげて、退院から半年で十五キロも増量したという見事なグラマラスボディを震わせながら、明日香さんはくすくすと笑った。

夜の蝶から昼職に変わり、何でも美味しく食べられるようになったが、うどんだけは食べる気にならないそうだ。

つくりもの

浩太郎さんは宗教二世だ。とくに厳格な戒律を持つキリスト教系の教団で、とくにお母さんが熱心だそうである。

ご本人は、とくに深い信仰は持っていないと言うが、私のようにいい加減な人間から見れば、それでもかなりしっかりしている。

小学生の頃、住んでいた家は坂の途中にあった。あるとき、学校から帰って来て坂に差し掛かると、上から何か、ごろんごろんとけたたましい音を立てて転がってくるものがあった。

石でできたお地蔵さまが、倒れた状態で何体も一斉に転がり下りてきていた。

浩太郎さんは、道の隅によけてそれらをやり過ごした。お地蔵さまは坂の下まで転がっていき、曲がり角で土壁に吸い込まれて消えた。

家に入り、見たものをそのままお母さんに伝えたが、「いくら偽物の、作り物の神様だからといって、よその人たちが信じているものを悪く言ってはいけません」と、厳しい言葉で叱られた。
大人になった今でも納得いかないよ、と浩太郎さんはこぼしていた。

スカル・アンド・ボーンズ

たしか小学五年生でした。どこへ何しに出掛けていたのかは全然覚えてないんですけど、自転車に乗っていたのは確実です。

まだ空は明るく、私はすいすい自転車を走らせていました。すると急に日が陰って暗くなったんです。雨でも降るのかな、と思って空を見上げました。そこには、空を覆う大きな船が浮かんでいたんです。漫画で見たことのある、幽霊船みたいでした。ぼろぼろに朽ちた帆や傷だらけの船体、そして全体が真っ黒に塗られていたんです。

でも、残念ながら覚えているのはこれだけなんですよ。

そんなものを見たのに、その後どうなったのかは何も覚えていません。小学五年生にもなっていたのに、そんな胡乱《うろん》な記憶しか私には残っていないんです。

他に同じものを見た人がいたら教えてほしい、と夏菜子さんは懇願している。その願いが叶うといいな、とは私も思っているところである。

話者　高校一年女子

これね、友達から聞いた話なんだけど、マジで。その友達、見えるらしいんだよね。でね、見えるってバレたらなんかやばいんだって。そうそう、霊に。なんでかはきかなかったけど、うん。

それでさ、いっつもおんなじ曲がり角にいる霊がいてね、その日もいたんだって。いつもは気がつかないふりして通り過ぎるんだけど、なんかその時は妙に気になって、その霊をチラ見しちゃったらしいのね。そしたらその霊がスススーって近寄ってきたんだって！　ヤバ、って思って逃げようとしたら「てか、やっぱ見えてんじゃーん！」て言われたらしい。霊に。いや、嘘じゃないって。その友達、そう言われて吹き出したらしいよ。

話者 二十五歳事務職

これ、自分の話なんですけど、聞いてもらえますか?

私、全然見えないんですよ、本当に。でもどうやらいるらしいんですよね、私のそばに。こないだ犬の散歩をしてたら偶然、会社の部長が通りかかって、どうもー、って挨拶したら私に手を振ってお辞儀したんです。なんか違和感があったんですけど、次の日部長に会ったら「あの人、彼氏さん?」って言うんです。なにか勘違いしてるのかな? ぐらいにしか思わなかったんですけど、その後、会社の警備員の中西さんと話してたんです、世間話を。その時たまたま、部長の話をしたんです。そしたら中西さんが、亜紀ちゃんはいつも男の人を連れてるんだよ、俺見えるから。って言うんですよ! 私は全然見えないんで。でも一応その人、人? でいいのかな。かっこいいかどうか確認しました。はい、普通だそうです。

踊る骸骨

美和子さんの小学校には、夜になると理科室の骨格標本が踊るという噂があった。

女子たちは震え上がっていたが、荒くれ者を気取る男子のグループが、そんなの嘘に決まってる、確かめてやると言い出し、真夜中の学校へ忍び込んだ。

真っ暗な中、懐中電灯ひとつだけを持った四人の少年たちが、理科室の前までたどりついた。いきなり中へ入るのはさすがにためらわれる。廊下に立ったまま、窓から室内を覗いてみた。

骨格標本は、昼間とまったく変わらずそこに立っている。

拍子抜けして、今夜はもう帰ろうということになった。

振り返ると、廊下のいちばん奥で骸骨《がいこつ》が踊っているのが見えた。少なくとも、少年のひとりにはそう見えた。

あとの三人の目に見えたのは、骸骨のように痩せた全裸の女が、青白い肌にあばら骨をくっきりと浮き立たせた姿で踊り狂っている姿だった。

あっ、という声を上げる間もなく、女の姿は懐中電灯に照らされた光の中で忽然《こつぜん》と消失した。わずか二秒ほどの出来事だったという。

取り残された男の子たちは、なんだかとても悲しくさみしい気持ちになり、押し黙ったまま学校を出て、それぞれの家へ帰っていった。

翌日の学校で、美和子さんにこっそりとこの話をしてくれたのは、踊っている女が本物の骸骨に見えたという男の子だった。

なぜ自分にだけ話してくれたのか、という美和子さんの質問に「お前がクラスでいちばん痩せてるから」と彼は答えたそうだ。

帰りたい

祥子さんが中学生のころ、同居していたお祖母《ばあ》ちゃんが夜中に突然大声で泣き出した。驚いて、お祖母ちゃんの部屋へ行ってみる。

息子であるお父さんが、布団の上に座ったお祖母ちゃんの背中をさすりながら、なだめていた。お祖母ちゃんはしきりに「帰りたい、帰りたい」と言っている。

この家はお祖母ちゃんが生まれ育った実家で、ほかに帰るところはないはずだ。お父さんもお母さんも困惑している。お祖母ちゃんは七十歳だが元気で、認知症の兆候もまったく見られていなかった。

お祖母ちゃんは、おろおろしている祥子さんの姿を認めると、泣きながら「ここへおいで」と自分の膝の上を示した。祥子さんは、言われるままお祖母ちゃんに膝枕をされる格好になった。

祥子さんの頭を撫でながら、お祖母ちゃんは「あんたがいれば大丈夫。私はちゃんと帰ってこれるわ。あんたのおかげや」と繰り返している。

朝になったら病院へ連れていこう、お父さんとお母さんはそう示し合わせて、祥子さんとお祖母ちゃんを部屋に残して就寝した。祥子さんは、お祖母ちゃんの手で撫でられるのが心地よくて、そのまま眠ってしまった。

目を覚ますと、お祖母ちゃんの姿はなかった。

祥子さんたちが起きる前に、お祖母ちゃんはいなくなってしまったのである。

「あれから十年経ちました。警察にも捜索願を出したんですが、未だにお祖母ちゃんは見つかっていません。法律上は死亡扱いになっているそうです。でも、もうすぐ見つかる気がするんですよね。このごろ、夢を見るんですよ。私がお祖母ちゃんを膝枕して、おかえり、おかえりって言っている夢です。きっとそう遠くないうちに、お祖母ちゃんが帰るべき場所を、私が見つけることになる。そんな気がしているんです」

そう話す祥子さんは現在妊娠六ヶ月で、お腹の子は順調に成長しているそうだ。

豊作

隆さんが幼い頃、真夏のある日のことである。

家族みんなで、遠くにある祖父の実家を訪ねていった。「本家」と呼ばれるその家はとても大きな農家で、庭には畑と、桃の木があった。

祖父の兄と、祖父と、両親が何か難しい話をしている間、隆さんは外で遊ばされていた。この家には大人しかおらず、一緒に遊んでくれる人はいない。

日差しから逃れるように、桃の木の下に入った。たくさん実をつけていると言われたが、子供の手が届く高さではない。

どんな実がなっているのかな、と隆さんが見上げると、小さな猫の顔がたくさん、枝先について静かに目を閉じていた。

ふわふわした毛が柔らかそうで、隆さんは触ってみたくなったが、いくら背伸びしても手が届くことはなかった。

幼い隆さんは、桃ってこういうものなんだ、かわいいんだな、と思ったそうだ。

大きくなる頃には、桃とはどういうものかちゃんと理解していたので、このときなぜそんな現象を何の疑問もなく受け入れていたのか、わからないそうだ。

祖父の実家は、その次の年に大伯父が亡くなり、跡を継ぐものは誰もいなかった。家屋敷や畑がどうなったのか、隆さんは知らない。

親心

がらがらに空いた新幹線の窓側席に座り、缶ビールを開けた。窓のほうから手が伸びてきてビールをはたき落とし、ズボンがずぶ濡れになった。

酒をやめろと口うるさく言っていた、亡くなった母の手だった気がする。

味変

味変、ってありますよね。大食いチャレンジ番組とかで、やってるじゃないですか。食べ飽きてきたらマヨネーズとか唐辛子とかの調味料を加えて、味に変化をつけてまた食べれるようになるやつ。

僕は大食いとかやらないんで、必要ないんですけど、八年ぐらい前、専門学校時代に付き合っていた彼女が、得意だったんですよ。

いや、その彼女も別にフードファイターだったわけじゃないですよ。むしろ食の細い子でした。ラーメンなんか食べに行っても、麺を半分で注文してましたからね。いや、あれですかね、逆にそういう人だからこそ味変で食欲を増進しないといけなかったのかもしれないですね。なんかすみません、話がとっ散らかっちゃって。

だけど、あの子は調味料なんか使わないで味変ができたんです。

ええとですね、たとえばインドカレー屋で辛口を頼んだとするじゃないですか。それが思ったより辛かったと。とても食えそうにないと。でも自分で辛口をオーダーしたんだし、辛くて食べられないから作り直してくれ、というわけにはいかないじゃないですか。帽子をかぶったネパール人のシェフも、ちょっと心配そうな、だけどにやにやした顔でこっちを見ているわけですよ。

そんな時は、あの子と手を繋いて、念を送ってもらうんですよ。そうすると、口の中にあるものの味が変わるんです。

いちばん確実なやり方は、彼女がいま食べているものの味を送ってもらうことですね。この場合だと、彼女には甘口カレーを食べてもらうんですよ。甘口カレーでなくても、ラッシーでもアイスクリームでもいいから、やさしくて甘い味のものを口に入れる。その感覚が、繋いだ手から流れ込んでくる、というんですかね。これで、自分の口の中にあるカレーの味が、ぐっとやさしく食べやすくなるんです。

彼女が何も食べていない状態でも、できることはできるんです。彼女が強くイメージすれば、かすかにこちらにも味が流れてくるんですけど、やっぱりこれだと弱いんですよね。

そうやって、焼きそばを食べながらお好み焼きの味を送ってもらったり、濃厚豚骨ラーメンをさらに濃厚にしてもらったりして、いろいろ楽しみましたよ。

こんなすごい技は他の誰にもできないよ、すごいよ、って彼女のことをいっぱい褒めたものです。でもあの子は「こんなの何の役にも立たないよ」って、褒められるのがすごくいやだったようです。自己肯定感が低いというか、自己評価がバグってるというか、そういう子だったんですね。

美人だしスタイルもよかったんですけど、いくら褒めても「私なんて、私なんて」って自分を卑下《ひげ》してばかりだったんです。挙げ句の果てに「あなたは私みたいな人間を褒めてばっかりいて、信用できない。心が苦しくなるから別れてほしい」って、フラれたんですよ。「俺は本当に君が好きなんだ、信じてほしい」って言っても駄目でした。

別れてからしばらくは、文字通りの放心状態でしたね。それで専門学校も辞めちゃったし。なんとか別の道に進んで、ようやく暮らしが落ち着いたのはつい最近、ここ一年ぐらいのことですね。新しい彼女を作る気にはなれなかったです。仕事を覚えるのに夢中で、そんな暇もありませんでしたしね。

そうそう、暮らしが落ち着くようになってから、ときどき食事中に味変が起きるんですよ。最初は半年ぐらい前、牛丼を食べていたらいきなり血の味がしたんです。変な肉でも入っていたのかと思って、思わず床に吐き出しちゃいました。お店の人が、どうなさいましたかって駆け寄ってきたんですけど、吐いたものを見たら何も変なところはなかったたんですよ。「すみません、むせちゃいました」ってごまかしたんですけど、申し訳なかったですね。

それから、週に三回はそういうことがあるんです。何か食べていると、口の中に血の味がするんですよ。気になって歯医者に行ったんですけど、歯周病で血が出ているわけではありませんでした。口内炎もないです。

もしかすると、あの子が暴力男とくっついちゃって、毎日殴られてたりするんじゃないかな、って思っちゃうんですよね。ああいう自己評価の低い人は、そういうパートナーを選んでしまいがちですから。

そうじゃなくて、最近は女子ボクシングとか総合格闘技とか流行ってるから、そっち系で血を出しているのかな。そうだったらいいなあ。まだずっとマシですよね。そう思いません？

え？　未練ですか？　そりゃもちろんありますよ。男って、一度惚れた女のことを、本当に忘れたりなんかしないでしょう。違いますか？

お気に入りのアイス

夏子さんは、高校生の娘を育てながら、ドラッグストアでパートの仕事をしている。商品の入れ替わりが激しく、売り場のどこに何があるのか覚えるのは、とても大変だ。

ある夏の日、アイスクリームの棚で品出しをしていると、自分と同年代ぐらいに見える母親と、小学校に入る前ぐらいの母娘がやってきた。

ひまわり柄のワンピースを着た女の子が、たどたどしい口ぶりで「あの、すみません。ほうせきばこアイスはありますか」と尋ねてくる。

そんな品に心当たりはなかった。ずっと昔、自分が子供の頃にそういうアイスがあって、大好きだったのを覚えているが、復刻されたとは聞いていない。

ごめんね、ないの。夏子さんが優しくそう答えると、女の子は目にいっぱいの涙をためて「わかりました」と言い、お母さんに促されて去っていった。

その日の業務を終え、家で娘と夕ご飯を食べているとき、あの娘は子供の頃の自分そっくりだった、ひまわり柄のワンピースも自分のお気に入りだったと気づいた。

「どうして顔を見てすぐに気づかなかったのか、どうしてもわからないんです。たしかにあれは昔の私でした。宝石箱アイスが大好きだったのも、よく覚えているんです。それなのに、なぜ何も感じなかったんでしょうか。後から気づくことってよくあるんですかね」

夏子さんには、疑問に思うことがもうひとつある。

あのとき、子供の自分を連れていた母親は、自分の母とはまったく似ても似つかない、赤の他人だったのだそうだ。

猿の声

忠則さんの両親は山奥の家に住んでいて、最近は足腰が弱ってきたので移住を考えているところである。

その家の裏庭に、最近は猿がよく出没する。今どきの猿は人間なんか恐れておらず、お父さんが「こらっ」と大声を上げても、こちらを嘲《あざけ》るように飛び跳ねているだけだそうだ。とくに畑作をしているわけではないが、家に入ってこられたりしたら困る。お母さんから「どうしたらいいかねえ」と相談された忠則さんは、爆竹を鳴らして追い払うのはどうかと提案した。

次の日曜日に、忠則さんはドンキで仕入れた大量の爆竹を抱えて帰省した。家の裏に回ると、腰ぐらいの高さの草薮が繁っており、無秩序に葉っぱを伸ばしていた。

猿の姿は見えないが、試しにとりあえず爆竹をひとつ取り出し、ライターで着火してみる。

けたたましく、しかも軽快な破裂音が響く。

それと同時に、薮の中から「うおっ」と、明らかに中年男性の驚いた声がした。

周りを見渡しても、忠則さんと両親のほかには誰もいなかった。

結局、その日には猿の姿を見かけることもなく、忠則さんは「また猿が来たらこれを鳴らしてみて」と爆竹のストックを置いて帰った。


それから二年が経過した。

忠則さんが一度爆竹を鳴らしただけで、裏庭に猿が出ることは絶えてなくなり、腰まであった草薮は、ちょうど中年男性の声がしたあたり、直径二メートルほどの穴が開いたように、草一本も生えない部分ができていた。

怪談師の鷲羽さん

その夜、私は裕一郎さんからお話を聞かせていただき、満足できる取材ができた。

しかし、裕一郎さんは私のことを一貫して「怪談師」と表現していた。「鷲羽さんはプロの怪談師なんですよね」「怪談師ってすごいお仕事ですよね、たたられたりしないですか」「どうして怪談師になろうと思ったんですか」といった具合である。

こういう本を読む方なら間違えることはないと思うが、怪談師というのは話芸のひとつとして、観客の前に出て自分の声で怪談を語る、ライブパフォーマーのことである。

私は怪談作家であり、こうして取材したお話を再構成して、文章でその怖さを表現するのが仕事だ。中にはかけもちでやっている人も少なくないが、私は語りのプロではない。怪談師ではない、と思っている。

だが裕一郎さんはそんな区別を気にしていないようだった。

わざわざ指摘するほどのことでもないだろう。内心でちょっぴり違和感を抱きながら、私はそれを表に出さないようにつとめ、その夜遅くに裕一郎さんと別れた。

日付が変わる頃に帰宅した私は、裕一郎さんのお話を聞いている間、表情が硬くなっていたような気がしてきた。こんなことではいけない。私は洗面所の鏡に向かい、柔和な笑顔を意識して、表情を作る練習をした。ただでさえ図体が大きいのだから、相手に威圧感や不快感をなるべく与えないよう、普段から表情を意識しておくことにしている。

次の日、裕一郎さんから電話がきて、開口一番「昨日はすみませんでした」と謝罪を受ける。どうしたんですか、と私は訊いてみた。

「昨夜、寝入りばなに夢を見たんです。落語家みたいな着物を着た鷲羽さんが、俺は怪談作家だ、怪談師じゃねえよ、って扇子で私のことをはたくんですよ。これはいけないなと思いました。本当にすみません」

こうなっては、謝るのはむしろ私のほうである。こちらこそすみません、と恐縮するばかりであった。

なお、裕一郎さんから聞いた話は、この本のどこかに収録されている。話者の名前が出てこないタイプのものだ。探してみるのもまた一興かと存ずる。

猫のお別れ

小学校の同級生だった花音が「あたしの秘密、教えてあげよっか」と公園に連れて行ってくれた。公園には茶トラの猫がいて、花音は「これ、元のあたし」と言うのである。

「女の子がね、もう何もかも嫌になったから別の生き物になりたい、生まれ変わりたい、ってお地蔵さまにお願いしたの。そしたら、近くにいた猫のあたしと入れ替わったってわけ」

花音はそう言って笑いながら、隠し持っていた給食の残りのパンを猫にあげていた。猫はなぜか怯えた様子で、花音の手からパンを取って恐る恐る食べていた。

三日後の夜、寝ていると窓の外に気配がして目が覚めた。カーテンを開けて窓を見ると、あの茶トラの猫が、立つ場所などないはずの窓から、室内を見ている。どこか悲しそうな顔をしているように見えた。驚いて跳ね起きるのと同時に、猫はスイッチが切れたかのようにくたりとそこから落ちていった。窓を開けて下を見たらもうそこには何もいなかった。

次の朝に学校へ行ったら、担任の先生が、クラス全員を集めて、花音が亡くなったと告げた。詳しくは教えてもらえなかったが、噂では親からずっと虐待を受けていて、昨晩はそれが特にひどく、大怪我をした花音は病院へ運ばれたが助からなかったのだということだった。

死んだのは花音だったのかそれとも猫だったのか、今でもペットショップや猫カフェの前を通るたびに、茶トラ猫の悲しそうな顔と、笑っていた花音の顔が交互に思い出されてならない。

セクシー智美さん

智美さんはドラマの影響でベリーダンスのスタジオに通い始めた。ヒロインのようなかっこよくて芯のある女性になりたい。その一心で入門したのだが、そのドラマ（と原作漫画）の影響は大きいようで、教室はさまざまな年代の女性で賑わっていた。

スタジオは壁の一面が大きな鏡になっていて、それを見ながらレッスンをするのだが、たまにみんなの動きがワンテンポ遅れて映ることがある。その現象が起きると、レッスンはその場で終了となり、全員スタジオから出されるそうだ。

グラマーで彫りの深い、外国人の女性講師は「びっくりするでしょ、けがしちゃうでしょ」とたどたどしく言うばかりで、なぜそんな現象が起きるのかは説明できないようだった。

そのスタジオはビルの二階にあるが、一階にはいろいろなお店がテナントに入っては潰れている。古着屋が入っても、カード屋が入っても、パワーストーン屋が入っても、半年と保たない。

来月からは、手間をかけて改装したケバブ屋が入るそうだ。潰れる前に一度ぐらいは食べてみたいですね、と智美さんは語った。

ベリーダンスはお腹が揺れるところに良さがあるので、あまり痩せすぎていてはいけないのだという。

非常階段の少女

美希さんが中学二年生の頃「夏休みに三年生の女子が校舎の非常階段から飛び降り自殺したらしいよ」という噂が流れた。美希さんにこの話をしたのは、親友の佳織さんである。テレビや新聞でそんなニュースは扱っていないし、学校の先生たちからもそんな話はされていない。本当なの、と美希さんは聞き返したが、佳織さんは「本当なんだって。校長が揉み消してるから表には出てないけど、三年生はみんな知ってるらしいよ」と、いかにも深刻な表情を浮かべて言う。狐のような顔の校長を思い浮かべると、信憑性のある話だと美希さんは思った。

三階東側の非常階段から、真っ逆さまに身を投げたというその女子は、落下の衝撃で首と脚が折れ、身体がぐにゃぐにゃになっていたという。頭は頭蓋骨が割れて脳みそが飛び出し、制服が血で真っ赤に染まっていた。その姿を見てしまった三年生の男子が、毎晩うなされているらしい。日が経つにつれ、細かい情報が美希さんのところにも回ってくるようになった。くだんの非常階段には、夏休み前にはなかった防護ネットが張られている。

噂の信憑性は高まるばかりだった。美希さんは、大事なことを隠そうとする大人は信用できないと思った。

冬になった。

その日、美希さんはバドミントン部の練習で顧問の女性教師にこってりしごかれ、帰る頃にはもう日が暮れていた。仲間たちは、疲れ切った美希さんを置いて先に帰ってしまったので、ひとりで校舎の東側を通って帰ろうとした。

ネットに覆われた非常階段の、三階部分に誰かがいる。手すりを乗り越えると、防護ネットをすり抜けて真っ逆さまに地面めがけて落ちていった。

セーラー服の女子生徒だった。

美希さんの目の前で、その女子生徒は頭から地面に激突し、全身の骨がばらばらになったような格好でその場に倒れていた。不思議と、落下したときの音は聞こえなかった。美希さんは声を出すこともできず、凍りついたようにその姿を見ていた。

すると、その女の子が起き上がった。首の骨が折れていて、上体を起こすと、皮一枚で胴体とつながっている頭が胸の前にぶら下がった。割れた頭から白っぽい液体がぽたぽたと滴り落ちる。脚も片方は太腿から、もう片方は膝の下で折れているのに、ぐにゃぐにゃしたまま立ち上がった。そのまま、美希さんのほうに向かって走り寄ってくる。美希さんは、部活で疲れ切っているのも忘れて、全速力で走った。悲鳴をあげる余裕すらなく、ひたすら校門へ向けて走る。

校門を出て振り返ると、もう何もいなかった。

ほっと安堵したのと同時に、心臓がものすごい速さで脈打ち、全身から汗が噴き出すのを感じた。

次の日、美希さんは佳織さんにだけ「昨日、こんなの見ちゃった」と耳打ちした。佳織さんは青ざめて、他の人には絶対に言わないでおくね、と美希さんの手を握って震えていたのである。

それから一週間もしないうちに、非常階段で女の子のお化けが出る、という話は全校生徒の誰もが知るところとなった。佳織さんがみんなに言いふらしたのかどうかはわからない。他にも見た人がいるのかもしれない。そうは思ったが、美希さんはあまり佳織さんに話しかけることがなくなった。わだかまりがあったことは否定できなかった。

美希さんは、親友だった佳織さんと疎遠になったまま中学を卒業し、全寮制の高校へ進学して故郷を離れた。

それから二十年後の今年のお正月、夫と五歳の娘を連れて帰省したところ、こちらも小学生ぐらいの男の子を連れた、佳織さんとばったり会った。あのとき生じたわだかまりが嘘のように、仲良しの空気が甦ってきて、思い出話や近況についてあれこれと盛り上がった。連絡先を交換して別れ、今でも密に連絡を取り合っている。

しかし、あの飛び降り自殺の噂については、どちらも触れない。子供の頃はともかく、こうして子供の親になった今では、生徒の自殺を隠蔽することなんてできるはずがないとわかるからだ。あれは、夏休みの間に非常階段へ防護ネットが設置された（おそらく教育委員会が危険を指摘してつけさせたのだろう）ことから、想像をたくましくした少年少女たちが勝手に言っていただけなのである。

しかし、佳織さんの話では、今でもこの学校の生徒たちの間では「飛び降り自殺をして首の折れた女子生徒が、自分の首を手に持って襲ってくる」のを見たという証言が後を絶たないそうだ。親たちは、子供たちの噂話なぞにいちいち干渉しない。学校の怪談話なんて、好きなように言わせておけばそのうち飽きて卒業するものである。私のようなごく一部の例外を除いて。

「その女の子も、言ってみればこの子の姉みたいなものですね。だって、私が生んだんですから。みんなに可愛がってもらえているみたいで、何よりです。」

ファミレスのテーブルで、私の向かいに美希さんと並んで座り、お行儀よくストローでジュースを飲んでいる五歳の陽茉梨ちゃんは、大人の話にはまったく興味を示さず、美希さんのスマホでプリキュアの動画を見ていた。

ドロー・ザ・ライン

倫也さんが縁日の露店でたい焼きを買い、歩きながらかじりつくとあんこが入っていなかった。

こんなことってある？　と驚きすぎて、怒るより逆になんだか楽しくなった。

文句を言いにいくのも野暮な気がして、自動販売機で缶入りのおしるこを買い、それを飲みながら食べればいいやと思った。

自動販売機の前に立ち、お金を入れようとするとなんだか生臭い匂いがする。

機械の下で、たった今釣り上げたばかりのような活きの良い黒鯛が、びちびちと暴れていた。倫也さんが捕まえようと思って手を差し入れると引っ込み、いくら探っても二度と出てこなかった。

ゲームは一日一時間

晃さんが小学生の頃、夏休みの朝に体験したことである。

前の夜にはファミコンでロックマンを遊んでから寝たはずなのだが、起きてみると、一度クリアして以降ずっと遊んでいないはずのドラクエ3が差し込まれていた。

不思議に思って電源を入れると、セーブデータにはかなりレベルを上げたパーティが揃っていた。

勇者の男「あきら」、女武闘家「ひとみ」、僧侶の男「さとる」、そして遊び人の女「ぜぼちむ」である。

「ひとみというのは当時の僕が好きだった同じクラスの女の子の名前で、さとるというのは一番の仲良しだった友達です。でも、そんな名前をつけて遊んだ覚えなんかないですよ。それに、三人は身近な人の名前なのに、残りのひとりが『ぜぼちむ』ってどういうことですか。あんまり気持ち悪かったんで、親父に『ドラクエやってた？』って訊いてみたら、そんなのやるわけねえだろお前こそちゃんと宿題やれ、って頭にゲンコツをくらいましたよ。あれは痛かったですね」

　このセーブデータは、次の日に少しだけ続きをやってみようとして電源を入れたところ、おどろおどろしい効果音とともに消えてしまったという。

セルフシャワー

邦夫さんが、ひとり暮らしのアパートで深夜のアニメを見ながらビールを飲んでいたときのことである。

ユニットバスのお風呂場から、誰かがシャワーを浴びている気配がするのに気づいた。明らかに、シャワーが流れる音がしている。玄関には鍵がかかっており、誰も入ったものはないはずだ。

邦夫さんは、見にいくのは怖いので無視することにした。きっとそのうち何事もなくおさまるはずだ、と思ったのである。

しかし、すでに缶ビールを四本も空けていた邦夫さんは、腹が冷えてトイレに行きたくなってきた。いくら怖くとも生理現象には勝てない。しばらく我慢していたが、尿意を通り越して下腹部に激痛を感じるまでになってきたので、意を決してドアを開けた。

バスタブでは、茶色い柴の子犬が泡だらけになって洗われていた。いや、洗っている人間の姿はなく、シャワーも止まっていて、ただ子犬がしょんぼりした顔で泡だらけになっているだけだった。

ズボンとパンツを下ろし、便座に腰掛けて邦夫さんは用を足した。床が汚れないよう、小用でも座ってすることにしている。

ほんの一瞬だけ目を離した隙に、子犬はいなくなっていた。

「うちのアパートはペット禁止なので、いなくなってくれて助かりました。あのままいたとしたら、とても追い出したり捨てたりなんてできないですよ。あんな顔されたらかないませんて」

浴槽には子犬の毛一本も残っておらず、ただ泡が子犬一匹分だけ残されていたという。

歩いて帰ろう

深夜の繁華街でビル型の駐車場に入り、屋上で車から降りると、空きスペースに真っ赤なハイヒールの靴が揃えて置いてあった。誰かが、土足禁止の車に乗るときに脱いでそのまま忘れていったのだろう。それでも、赤いハイヒールが電灯の光に照らされ、暗い駐車場の中でぽつんと放置されているのは不気味だった。

ドアを閉めて助手席から荷物を取り出し、地上へ降りるためエレベーターの方へ向かった。背後でこつこつと硬い音がする。

振り向くと、さっきの赤いハイヒールが、ちょうど見えない誰かが履いて歩いているように、非常階段のあるほうへ向かって交互に進んでいた。

子供靴・未使用

フリマアプリで一歳半の息子に履かせる靴を買った。使用感が全然ない、綺麗な品物だったし値段も安かった。息子も履き心地を気に入ったらしく、毎日これで楽しそうにお散歩している。

ただ、この靴を履かせて以来、それまで好き嫌いをしなかった息子が肉しか食べない。

スピード・スター

宏樹さんが空いている電車の優先席に座っていると、窓の外で、杖をついたおじいさんがものすごい速さで車両と並走しているのが見えた。他の誰も気づいていないらしく、騒ぐ者はいなかったので、宏樹さんも何も言わなかった。

次の駅で、そのおじいさんが乗ってきた。人間ではなさそうだが、いちおう席を譲ったほうが世間体がいいかと思い、座席から立ち上がろうとした。その瞬間、腰に激痛が走ってその場に倒れた。おじいさんがどこへ行ったのか、宏樹さんにはもうわからない。床の上で身体を丸め、ただ痛みに耐えて脂汗《あぶらあせ》を流す宏樹さんを、周りの人と駅員が担架で運び出し、救急車を呼んでくれた。まだ若いのに腰椎が圧迫骨折を起こしていた。

という話を、退院したばかりの宏樹さんから、焼き鳥屋のカウンターで、ぼんじりをかじりながら聞いていた。

宏樹さんが頼んだ三杯目のビールと、私が頼んだキウイソーダを持ってきてくれた、ホール係のギャル店員が、「ああ、○○線でしょ。あーしも見たっすよ。腰の次は内臓に来るから、気をつけたほうがいいっす」と言って、厨房の奥へ去っていった。

久しぶりのビールでいい心持ちの宏樹さんは、ギャルって本当に「あーし」って言うんですね、と妙な感動をおぼえているようだった。

そこじゃないんだよ、と私は思った。

異物混入

樹生さんは、新しい彼女とベッドをともにして以来、尿道に違和感と痛みが発生して、数日間続いていた。

感染症でもあったのか、と近所の泌尿器科を受診すると、尿道に生米が三粒詰まっていた。医師には「不衛生な遊びをしちゃいけませんよ」と半笑いで叱られたが、もちろんそんなことをした覚えはない。

思い切って彼女に話したら、目をそらしながら「へえ、怖いね」とだけ言われた。どうにも挙動不審に思えてならないが、深く追及するのは怖いので、そのままにしているそうだ。

なお、コンドームはちゃんと装着していたそうである。

猿の系譜

人の顔には猫系や魚系や鳥系があるというが、英二さんの風貌は、自他ともに認める猿系だった。小柄な体格もあって、子供の頃からよく猿にたとえられている。お父さんも同じタイプで、よく似た親子だった。

その英二さんに、子供ができた。お父さんにとっては初孫となる。生まれて二ヶ月ほど経ったある日、離れて暮らすご両親が孫の顔を見にきた。

このぐらいの月齢になると、新生児期の猿っぽい顔もだいぶ人間らしく整ってきているが、英二さんの息子なのでよく似ている。親子三代、同系統の顔だ。

「お前の赤ん坊の頃にそっくりだなあ。このぐらいの頃、お前はうちでチンパンジーと一緒に育ったんだぞ」

お父さんがいきなりわけのわからないことをいい始めたので、英二さんは戸惑った。漫才でいうボケのつもりなのか。いや、お父さんはそんなことをする人ではない。何言ってんの？　と普通に問いただしたが、真面目な顔で「お前、覚えてないのか？」と言う始末である。いい加減にしてくれ、一般家庭でチンパンジーなんか飼えるわけないだろう。英二さんの語気は荒くなってきた。

お父さんも「お前は親を嘘つき呼ばわりするのか」と怒鳴りはじめ、泣き出した赤ちゃんを奥さんが隣の部屋へ連れていってしまった、親子の怒鳴り合いは激しくなり、お父さんは「じゃあ証拠の写真を持ってきてやるからな」と言い捨てて、帰っていってしまった。腹が立ったので、英二さんはお父さんが謝ってくるまで、こちらからは連絡しないことに決めた。

しかし、お父さんのほうから連絡がくることはなかった。

お母さんを家に置いて、そのまま行方不明になってしまったのである。

捜索願を出した警察によると、動物園の近くに設置されている防犯カメラに映っていたのを最後に、足取りが途切れているのだという。

英二さんの息子は、間もなく三歳になる。ばあばのことは大好きだそうだ。

安眠のために

冴子さんが、これから帰ってくる中学生の娘と、夫のため、キッチンで夕食の用意をしていると、冷蔵庫の中でがたがたと何か動く音がした。動くようなものは入っていないはずだ。開けてみると、夫が「安眠のために」と常備している、睡眠の質を改善すると称する乳酸菌飲料のボトルが、三本ほど肩を組むようにして踊っていた。

扉を開けた瞬間、冴子さんに見られたのを「やべっ」と思ったのか、踊るのをやめた。

疲れているのかな、と思った冴子さんは、そのうちの一本を取り出すと勢いよく飲み干し、夕食の料理を中止して、服を着たまま寝室のベッドで寝てしまった。

目を覚ますと夜の十時だった。夫と中学生の娘は、夕食にデリバリーのピザを食べて、冴子さんに「どうしたの」「体調でも悪いの」と心配気な声をかけてきた。

たまにはそういうのも悪くないですね、と冴子さんは語った。

独身の私には、そういうものなのだろうと想像するほかなかった。

赤い……

東北の農村部に引っ越してリモートワーク生活をしている光さんと薫さんが、婚姻届を役場に提出して、田んぼの中にぽつんと建っているマンションに帰ると、ダイニングキッチンのテーブルの上に、お湯を注いだばかりのカップうどんが置かれていた。ふたりともそんなものは食べないし、買ってきた覚えもない。家の鍵は閉めてあったし、どこからも人が入った形跡はなかった。

いちおう最寄りの駐在所へ相談に行ったが、担当の警察官はいかにも面倒くさそうな態度で、やる気がなさそうだったので被害届などは出さずそのまま帰ってきた。

部屋の前で、生まれたばかりの子犬のような茶色い生き物が、弱々しく震えていた。

光さんと薫さんは顔を見合わせて、そいつに触れないよう気をつけて家に入った。

きっとそのうちお母さんが迎えにくるだろう、となぜかふたりは思った。

旅先だし別にいいか

つかささんが夫と温泉旅行にいき、いで湯と食事、少しのお酒も楽しんで、リラックスして寝ていると、ふいに目が覚めた。

なぜか自分が布団ごと天井に張り付いていて、さっきまで隣にいたはずの、畳で寝ている夫を上から見下ろしていた。

まあ旅先だしそういうこともあるよね、と思って、またそのまま寝た。その程度しか、気にはならなかった。

翌朝、日が昇って明るくなった頃にまた目が覚めた。今度はちゃんと畳の上に布団を敷いて寝ていた。夫もちゃんと隣にいる。

同じく目を覚ました夫に、昨夜の出来事を話してみた。きっと夢だろうと思ったのである。

すると、夫も「夜中に目が覚めたら、つかさが布団ごと天井に張り付いて寝ていたんだよ。でも、旅先だし別にいいかと思って、そのまま寝たんだ」と言うのであった。

なんとも収まりの悪い気分になったが、とりあえずそれぞれ朝の大浴場に入ってきて、部屋に戻ってくるころには「まあいいや」という気分になったので、それ以上は考えないことにした。

「そういう細かいことを『まあいいや』と思える気分になるために、温泉へ行ったんですしね。だからそうしました。それでいいですよね？」

つかささんはそう言っている。いいんじゃないでしょうか、と私は言うしかなかった。

粗食

結菜さんは、節約のためお昼は自分で握ったおにぎりを食べている。面倒なので具は入れない。いつも塩だけのおにぎりをふたつと、栄養バランスのためのトマトジュースを一本。これだけで充分だそうだ。

ある日、いつものように職場のデスクに座ったまま、自家製おにぎりを食べていると、口の中で何か硬い感触がした。具は何も入っていないはずである。同僚はランチに出払っており、周囲に人がいないのを確かめて、結菜さんはその硬いものを掌《てのひら》の上に吐き出した。

人間の爪が、根元からはがれた完全な形で入っていた。

我が名は死神

私程度の物書きでも、読者からお便りをもらうことがたまにある。「あんたの本を呼んでいると空気清浄機が勝手に作動する」というクレームについては別項で述べたが、もっとうれしいお便りをいただいたこともある。

以前に参加したアンソロジー『奥羽怪談　鬼多國ノ怪』において、海で不慮の死を遂げた若者が、白い鹿の姿になって別れを言いに来た話を載せたが、これを読んだ方からは「私もその町で見ました」と白い鹿の写真を送っていただいた。その気高い美しさに、私は感動したものである。

さて、私は前作『暗獄怪談　或る男の死』において、霊能者が呪物を除霊するエピソードを載せたが、それを読んだ方から、このようなメールをいただいた。

「或る男の死」拝読いたしました。

あのエピソードは、まさに霊能業界の悪いところが煮詰まったような話だと存じます。

この世界はどこまでも閉鎖的で、私のような一匹狼の新参者が参入することを、決して許してはくれません。

私のやり方が、あまりにも先進的で他の追随を許さないからだと思います。

通常の霊能者は、霊魂とはこの世に未練を残して死んだ魂のかけらであり、その未練なり怒りなり悲しみなりを鎮《しず》めることで調伏しています。

しかし、そのようなやり方では、抜本的な解決はとても望めません。

私の考えでは、霊魂とは死にきっていない人間存在の断片です。

それをちゃんと殺してあげることこそが、霊障問題の最終解決なのです。

世界に、この世とあの世という区別はありません。死者はただ消え去ります。そこで消滅を拒絶した存在の断片が、生きている人間に禍《わざわい》をもたらすのです。それをあの世に送る、成仏させる、といったおためごかしはむしろ有害です。

私のやり方なら、後々に禍根《かこん》を残すことなく、霊を完全に殺すことができるのです。ぜひ一度お目にかけたく、こうしてメールした次第です。

お返事お待ちしております。

差出人は美穂という女性だった。

昔から、自分には霊感があると思い込む人は少なくない。ただ、こういう考え方は初めて目にした。

私は、霊能力の真偽には何の興味もない。霊魂がこの世にあるのかどうか、あの世はあるのかどうか、どれも私にとってはどうでもいいことである。

私はただ、そういった世界の周辺で見られる、人間の奇妙な言動に興味があるのだ。

その点でいうと、多くの自称霊能者、自称霊感保持者の話はどれも類型的かつ通俗的で、私が求める奇妙な味わいとは程遠いところにある。因果応報も勧善懲悪も、よそでやってほしいのだ。

しかし、このメールは実に奇妙な味わいがあった。霊魂は、成仏させるものではなく殺し切るものである、という独特の世界観を持っている。興味はわいたが、さすがに会うのはためらわれた。もう少し様子を見てからにしよう。

私は、「興味深いお話ありがとうございます。霊を殺すというやり方について、もう少し詳しく教えていただけますか」と返事を出してみた。

「鷲羽様
早速のご返事ありがとうございます。

私がこのやり方を習得したのは、今から十年前、二十歳のときでした。

まったく偶然のことです。買い物に行った繁華街で、横断歩道を渡っていると、前から私と同じぐらいの年格好の、陰気な女がこちらに向かって歩いてきたのです。

一見、生きた人間と変わったところはありませんが、見てすぐにこの世のものではないとわかりました。その存在に重さが一切なく、歩く動きも周囲の空気とまったく連動していないのです。

彼女は俯《うつむ》いた格好で、まっすぐこちらへ向かってきました。このままではぶつかると思いましたが、周りには人がたくさん歩いていて、避けることもできません。

そこで私は、ぶつかっても跳ね返してやろうと思ったのです。

臍下丹田《せいかたんでん》に力を込め、呼吸は鼻の先で小刻みにします。そして、全身に赤い血が巡って熱くなるのをイメージしました。そうすると、本当に手足の先まで血液が回り、熱くなるのを感じたのです。

その力を両手に集めて、ぶつかってくる女をその掌で受け止め、ぐっと押し返しました。

するとかすかに、からからに干《ひ》からびた藁《わら》に触れたような感触があり、女はその場にもんどり打って倒れました。そして、その身体はコーヒーに入れられた角砂糖のようにずるずると崩れ、そのまま雲散霧消《うんさんむしょう》してしまったのです。

この発見に、私は狂喜しました。子供の頃から、この世の人でないものを見ることが多く、悩んでいたのですが、こうして霊を殺し切ってあげることができれば、もう恐れる必要はありません。

霊魂は、その気になればどこでも見つけることができます。私は、自分から見つけようとは思いませんが、向こうから近寄ってくる場合は別です。月に二度は、亡霊を殺すのを余儀なくされているのです。失敗したことはありません。

私が見ている霊魂を、鷲羽さんにもお見せすることができれば一番良いのですが、それは難しいかもしれません。でも、やり方をお目にかけることで、きっと伝わるものがあると思うのです」

このメールを読み終わったところで、スマホがまた鳴った。

古い友人のマサユキからだった。彼は、まさに前作『或る男の死』及びその前の本『暗

獄怪談　憑かれた話』に収録した「リアルタイム」のエピソードに登場した人である。

彼の祖母が亡くなり、遺品の小さな白木の箱が出てきた。それ以来、彼とお父さんが、お互いに殺し合う夢を見るようになったのである。

そして、親族の知人である堂島醍醐という祈祷師に、除霊をしてもらうことになった。そこに私も同席したのだが、堂島のやる儀式は異様なものだった。そして堂島は、傲岸不遜《ごうがんふそん》な素顔をあらわにして私を恫喝《どうかつ》し、呆然とする私を残して去ったのだが、それから間もなく、堂島の妻から彼の訃報が届いたのであった。

実は、マサユキは新たな悪夢に悩んでいた。

自分と家族が殺し合う夢を見ることはなくなったが、今度は、見知らぬ女が堂島醍醐に殴る蹴るの暴行をはたらき、馬乗りになって手で首を絞めているのを、連夜にわたって見せられているのだという。

夢の中でマサユキはただひたすら傍観者の位置に押し込められていて、こちらからは何もすることができない。ただその光景を見せられるだけである。

最初のうちは、堂島が可哀想でなんとか助けてあげたいと思っていたのが、一週間を過ぎる頃から、だんだん「飽きて」きたのだという。

「堂島先生に感謝はしているんだけど、さすがにもういいやって思うんだよな。そろそろ俺たちを解放してほしいんだよ。どうにかならないかな」

マサユキはそう言って悩んでいた。彼は堂島の傲岸な素顔を知ってなお、恩人だと本気で思っている。恩人が苦しんでいる姿に、自分が「飽きた」と思っていることが、彼にとってはまた罪悪感が募る材料になってしまうのだ。そういう人間である。

私は、美穂さんに「生きている人間に憑いているものを、殺すことはできますか」とメールしてみた。

美穂さんから教えられた通り、ふたりとも動きやすいジャージ姿で、私とマサユキは市民センターの和室にいた。なるべく広く、邪魔が入りにくい安全な場所ということで選んだのである。

マサユキは部屋の中央で、目を閉じて正座している。さあ始めよう、そう声をかけると無言で頷いた。

マサユキには、いつも見る夢を頭の中で再現させている。丸顔で目の細い、若い女が着物姿の男に馬乗りになり、両手で首を絞めている。男は長髪を後ろに撫でつけ、色白で目鼻立ちが鋭い。かつて彼ら家族の除霊をおこなった、堂島醍醐である。

私は、まず深呼吸を一分以上にわたって繰り返し、心臓から全身に酸素と生命のエネルギーが行き渡っていくのをイメージする。目を閉じ、精神を統一する。余計な思考を排除し、頭の中で、青い透明なピラミッド型の立体が、縦横さまざまな角度でくるくる回転するのを想像する。こういう抽象的なものを脳裏に描いていると、雑念が払いやすいと美穂さんから指導されたのだ。

マサユキの頭の上に、右の掌を置いた。臍下丹田に力を込め、鼻先で小刻みな呼吸をしながら、掌からマサユキの頭の中に、私の生命エネルギーが流れ込んでいくのを強くイメージする。同時に、マサユキは脳内で女を押しのけて堂島に馬乗りになり、手で首を絞めて殺すのをイメージするのである。

ううう、とマサユキの口からうめき声が漏れた。私は、マサユキの頭と接している右の掌が、燃えるように熱くなるのを感じている。マサユキのうめき声はだんだん大きくなってきた。私の右手はしびれて動かず、彼の頭に貼り付いたような錯覚を覚えた。

ふたりで示し合わせたかのように、同じタイミングで「ぐう」「あっ」という声が漏れた。

マサユキの顔には汗がいっぱいに浮かび、だらだらと流れ、滴っている。私も同じようなものだった。

「できたよ」

マサユキが、やっという感じで口を開く。

「堂島先生の身体が、泡になって消えていくのをはっきりイメージできて、実感できたんだ。なんだかすごくスッキリする。こんなやり方があったんだなあ。本当によかった」

そう言って、しきりに私への感謝を口にするのだった。


帰宅した私は、美穂さんにメールを送った。ありがとうございます、教わった手順でやってみましたが、成功したようです。そう書いて送ると、「よかったです。そろそろお会いしてお話できませんか？」とすぐに返信がきた。

アポを取り、待ち合わせたのは市街地のコーヒーショップだった。

予定より三十分早く来て、パソコンを広げてメールチェックと原稿のチェックをしていたら、すぐに時間となり、向かいの席には三十歳ぐらいのまだ若い女性がやってきて腰掛けた。

「はじめまして鷲羽先生、私が美穂です」

小柄で丸顔、そして狐を思わせる細い釣り目が印象的である。思っていたよりずっと美人だった。

「こうして対面するのは初めてですけど、実は前からあなたたちのことを知っていたんですよ」

美穂さんが出してきた名刺は、住所も肩書もなく、ただ名前と電話番号だけが載っている、実に素っ気ないものだったが、私を驚かすには充分な情報が盛り込まれていた。

堂島　美穂

「ええそうです。私、堂島醍醐の妻でしたの」

美穂さんは、事もなげにそういう。

「堂島はああいう人でしたから、いつも私が尻拭いをさせられていたんですよ。本当は私のほうが能力あるのに、と思わない日はありませんでした。でも、女ってだめですね。やはり心のどこかであのひとを愛していたんです。自分ではどうしても、彼を殺し切る気にはなれなかったんです」

そこで、俺にやらせたということかい。

「ええ、そうです。あの人を殺し切れるのは鷲羽さんしかいないと思いました。だって、あなたは前の本で醍醐を殺したでしょう。もう一度殺すのはたやすいことじゃないですか。ね、簡単だったでしょう？　普通なら、あんなやり方ではとても無理なんですけどね」

あんた、怖い女だな。

「そんなことありませんよ。ただの、女です」

堂島美穂は、妖艶と言いたくなるような笑みを、俺に向けていた。

死神というのはこんな顔をしているのかもしれない、と思った。自然と俺の顔にも笑みが浮かんできた。

あとがき

腰痛。帯状疱疹。頚椎湾曲症。三叉神経痛。扁桃腺炎。

一ヶ月にも及ぶ、コロナでもインフルエンザでもない謎の咳。

この本を執筆している間に見舞われた、体調不良の数々である。

私がやっているような怪談の執筆というのは、生と死の狭間から立ちのぼる香気を、ビニール袋に詰めて採集するような作業である。どうしても身体が死の世界へ近づいてしまうのも無理はないし、漂っている香気を残さずお届けできるものでもない。

それでも、七転八倒しながらなんとか書き上げた、私にとっては単著第三弾となる本である。どうかお楽しみいただきたい。

鷲羽大介

★読者アンケートのお願い

本書のご感想をお寄せください。
アンケートをお寄せいただきました方から抽選で
5名様に図書カードを差し上げます。
（締切：2024年7月31日まで）

応募フォームはこちら

暗獄怪談 我が名は死神

2024年7月5日　初版第1刷発行

著者……鷲羽大介
デザイン・DTP……延澤武
企画・編集……Studio DARA

発行所……株式会社 竹書房
〒102-0075　東京都千代田区三番町８－１　三番町東急ビル６F
email：info@takeshobo.co.jp
https：//www.takeshobo.co.jp
印刷所……中央精版印刷株式会社